공정의 저울과
정의의 칼로
국민을 수호하는

청소년들의 진로와 직업 탐색을 위한 잡프러포즈 시리즈 90

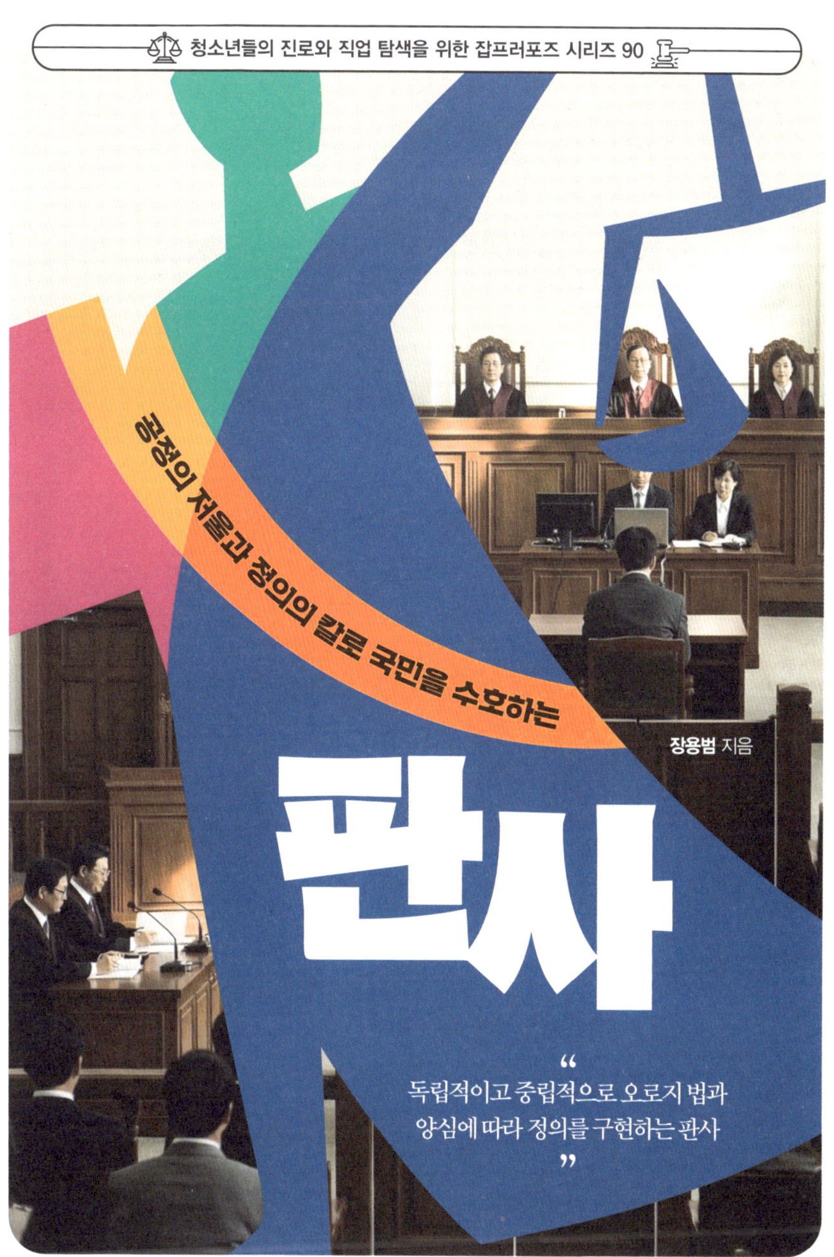
양심의 저울과 정의의 칼로 국민을 수호하는
장용범 지음
판사
"
독립적이고 중립적으로 오로지 법과
양심에 따라 정의를 구현하는 판사
"

TalK SHOW

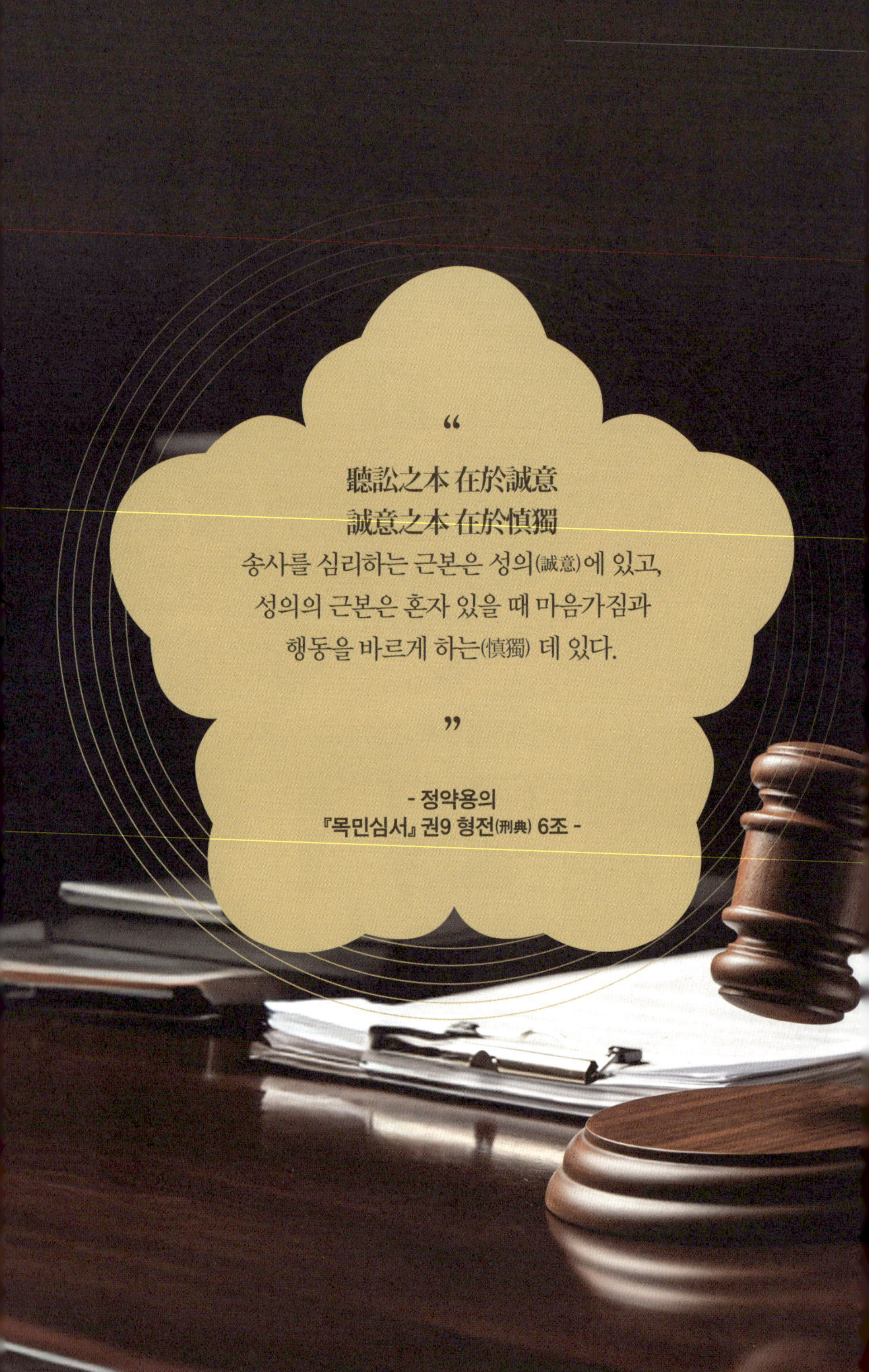
"
聽訟之本 在於誠意
誠意之本 在於愼獨
송사를 심리하는 근본은 성의(誠意)에 있고,
성의의 근본은 혼자 있을 때 마음가짐과
행동을 바르게 하는(愼獨) 데 있다.
"
- 정약용의
『목민심서』 권9 형전(刑典) 6조 -

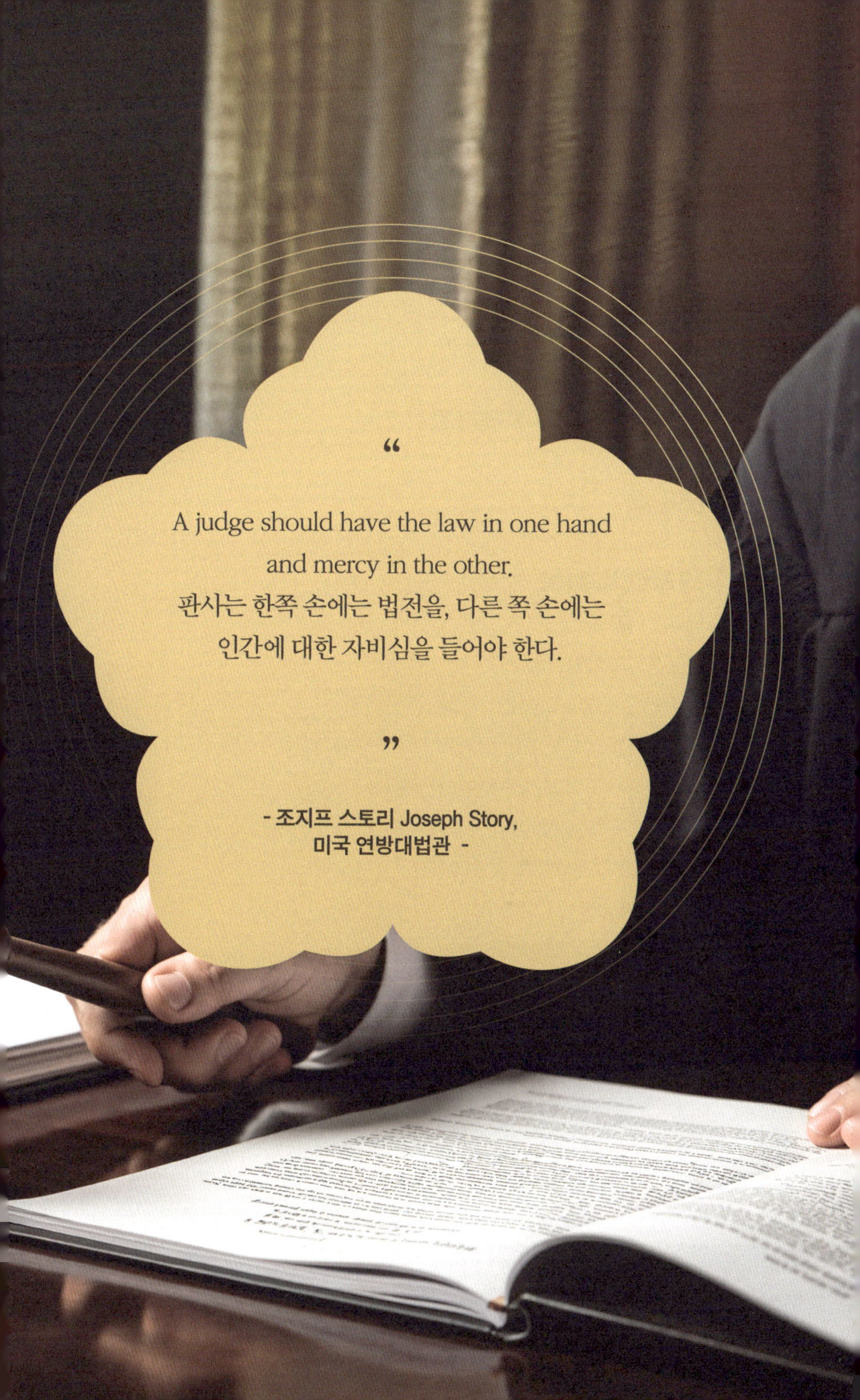
A judge should have the law in one hand
and mercy in the other.
판사는 한쪽 손에는 법전을, 다른 쪽 손에는
인간에 대한 자비심을 들어야 한다.

- 조지프 스토리 Joseph Story,
미국 연방대법관 -

C·O·N·T·E·N·T·S

C·O·N·T·E·N·T·S

LAWYER

판사 장용범의
프려포즈

청소년 여러분 안녕하세요.

저는 지난 25년 동안 법복을 입고 많은 재판을 해온 판사입니다. 25년 정도 재판을 했으니 '얼굴만 봐도 누가 거짓말을 하는지 알 수 있고, 기록에 손만 얹어도 판결문이 줄줄 나온다'고 말하고 싶지만, 사실 그렇지는 않습니다. 오히려 재판은 하면 할수록 더 어렵게 느껴집니다.

현실의 재판은 정답지가 없는 '퍼즐 맞추기'와 비슷합니다. 그것도 몇 조각은 없어져 버렸고, 몇 조각은 숨겨져 있지요. 남아있는 조각을 가지고 퍼즐을 맞추어야 합니다. 판사가 재판하면서 어려움을 느낄 때는 대부분 어려운 법률 이론 때문이 아니라, 진실 속에 숨겨져 있는 거짓을 찾아내는 어려움 때문에 생깁니다. 누구나 거짓을 말할 수 있고, 거짓은 진실 속에 숨어 있습니다. 복잡하고 다양한 현실을 온전히 담아내기 어려운 법의 한계 속에서 판사는 불완전한 선택을 할 수밖에 없습니다.

당사자의 주장을 법률 이론과 논리에 기초하여 증거에 따라 판단하지만, 그 결과에 한 사람의 삶이 걸려 있다는 사실을 늘 명심해야 합니다. 한 줄의 판결문이 누군가에게는 새로운 시작이 되기도 하고, 누군가에게는 무거운 책임을 안기는 결과가 되기 때문입니다. 그렇기에 더 나은 판단에 가까워지도록 끊임없이 고민하고 배워야 하며, 자신을 점검하는 일도 게을리할 수 없습니다. 판사는 판결에 책임져야 할 뿐만 아니라, 판결에 따른 비판과 오해, 사회적 논란까지도 감내해야 합니다.

이런 어려움에도 불구하고, 누구에게도 간섭받지 않고 독립적이고 중립적으로 오로지 법과 양심에 따라 정의를 구현할 수 있다는 것은 판사가 가지는 가장 큰 장점이자 매력이기도 합니다. 판사는 한쪽의 편을 들어주는 사람이 아니라, 서로 다른 주장과 이해관계 사이에서 균형을 잡아주는 사람입니다. 그래서 이 일은 지식만 요구되는 것이 아니라, 냉정함과 공감 능력이 동시에 필요합니다.

저는 여러분들에게 판사가 법원에서 어떤 일을 어떻게 하는지, 평소에 어떤 고민과 생각을 가지고 재판하는지에 관하여 진솔하게 이야기하고자 합니다. 여러분이 이 책을 다 읽고 판사가 되기를 꿈꾸지 않아도 괜찮습니다. 다만 판사라는 직업을 잠시 들여다보며 내가 판사라면 어떻게 재판할 것인지, 그 고민의 무게를 한 번쯤 깊이 생각하는 기회가 되었으면 좋겠습니다. 저의 이야기가 여러분이 인생이라는 재판에서 마주할 수많은 선택의 순간에 지혜로운 판결을 내리는 데 작은 도움이 될 수 있기를 바랍니다.

LAWYER

첫인사

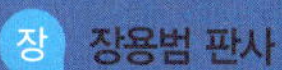

편 오늘 인터뷰할 분은 판사님입니다. 안녕하세요?

장 안녕하세요. 서울북부지방법원에서 민사합의부사건[1]과 민사항소부사건[2]을 담당하는 합의부 재판장으로 근무하는 장용범입니다. 2001년 2월에 예비판사로 임용되어 2년간 임기를 마치고 2003년 2월 판사로 임용되었으니 이 일을 한지 25년이 되었네요.

편 어릴 때의 꿈도 판사였나요?

장 아니에요. 저는 고등학교를 졸업할 때까지 진로에 대한 확신이 없었고 특별히 하고 싶은 일을 정하지 못했어요. 대학 진학을 앞두고 인문계 중에서 가장 문호가 넓은 학과라고 생각되었던 법학과를 선택했고 1990년 3월 성균관대학교 법과대학 법학과에 입학하게 되었습니다.

편 대학 생활은 어떠셨어요?

장 가장 행복하고 즐겁게 보냈던 시절입니다. 대학에 들어

---

1 민사사건 중 판사 3명이 재판부를 구성하여 재판하는 사건.

2 민사사건 중 항소심(2심) 사건.

와서 공부보다는 그동안 잘 몰랐던 사회에 관심을 가지게 되었고 특히 연극동아리 활동을 열심히 했어요. 이때의 생활은 지금 좋은 추억으로 남아있고, 이때 만난 사람들 또한 평생의 좋은 친구로 남게 되었습니다. 1991년 10월경부터 1994년 2월경까지 군복무를 했고, 1994년 제대한 후 다시 연극동아리 생활을 열심히 했어요. 1994년에 제가 기획한 창작극 〈덴동어미 화전가〉가 전국대학연극제에서 우수작품상을 수상해서 뿌듯했던 기억이 있습니다. 특히 이때 만났던 연극반 후배는 제가 공부할 때 많은 힘이 되어주었고 평생의 반려자가 되었습니다.

편 대학의 연극동아리에서 평생의 반려자까지 만나셨다니 즐겁고 행복한 시절을 보내셨네요. 그러면 어떻게 법조인이 되기로 결심하셨나요?

장 대학에서 법학을 배우고 공부하면서 법학이 단순히 법조문이나 두꺼운 법률 서적을 외우는 것이 아니라 인간의 심리와 행동을 연구하고 인간과 사회의 관계를 규율하는 학문이라는 것을 알게 되었습니다. 법률의 규정과 해석이 매우 논리적이고 체계적이어서 꽤 흥미로웠고, 공부하며 그 의미를 이해할수록 더욱 재미있었어요. 법조인이 되기로 마음을 굳힌 것은 군대에서 사병으로 복무할 때였습니다. 커다란 조직인 군대에서 사병으로 근무하면서 '전문 능력이 없으면 평생을 커다란 기계의 작은 부품과 같이 피동적으로 살 수밖에 없겠구나' 하는 생각을 하였고, 전문인 중에서도 능동적으로 하고 싶은 일을 하기 위해서 내가 가장 잘할 수 있는 일을 해야겠다는 생각으로 법조인이 되겠다는 결심을 했지요.

편 지금과는 달리 그때는 사법시험이 있었는데요. 고시라고 불릴 정도로 어려웠다던데요.

장 대학교 3학년 때부터 그전까지 등한시했던 학업에 치중해 1997년 대학교 졸업을 앞두고 사법시험 1차 시험(객관식 시험)에 합격하였고, 1998년 사법시험 2차 시험(주관식 시험), 3차 시험(면접)을 거쳐 제40회 사법시험에 합격하였습니다.

편 판사, 변호사, 검사 중에서 왜 판사를 선택하신 건가요?

장 사법연수원에서 법원, 검찰, 변호사 실무수습을 각 2개월씩 받으며 각 직역의 장단점을 비교할 수 있었습니다. 실무수습을 하는 동안 법조 3륜 중에서 제가 평생을 가야 할 길이 무엇인가에 관하여 깊이 고민했어요. 세 직역 모두가 보람 있게 생활할 수 있고 다른 사람에게 봉사할 수 있는 길이

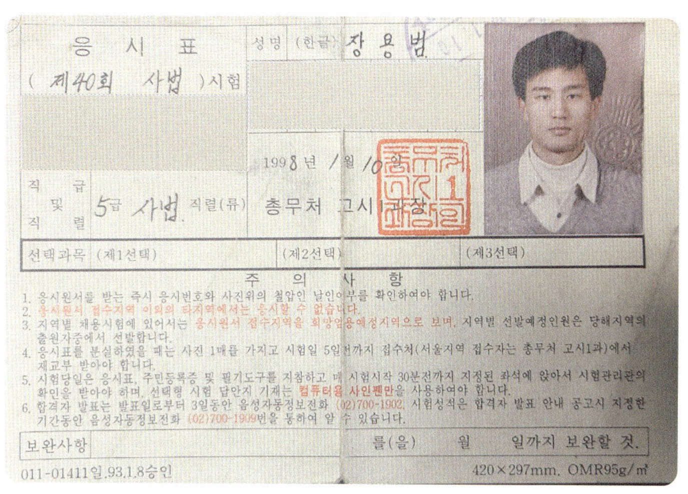

사법시험 2차 시험 응시표

었기에 선택이 쉽지는 않았습니다. 그중 판사를 선택한 이유
는 제가 생각하는 정의를 누구의 간섭 없이 독립적이고 중립
적으로 오로지 법과 양심에 따라 구현할 수 있다는 것이 가
장 매력적으로 다가왔기 때문입니다. 또한 차분하고 논리적
인 제 성격이 비교적 다른 직역보다는 판사와 잘 어울린다는
생각도 했습니다.

편 판사님의 차분한 목소리와 조근조근한 말투에 막 익숙

해지고 있는데요. 타고난 성격이셨군요. (웃음) 판사로 임용된 후의 이력을 간단히 말씀해 주세요.

장 2003년 2월 판사로 임용된 후 서울중앙지방법원, 대전지방법원 논산지원, 수원지방법원, 창원지방법원 등 전국 각지에서 주로 민사재판과 형사재판을 담당하였습니다. 그 사이에 2012년 미국 UCLA에서 Visiting Scholar로서 해외연수를 하였고, 2014년부터 3년간 대법원 재판연구관으로서 근무하였으며, 2019년부터 2년간 사법연수원 교수로 근무하면서 법학전문대학원 겸임교수로서 출강하면서 민사재판실무와 형사

2012년 해외연수 세미나

재판실무 과목을 강의하였습니다. 현재는 서울북부지방법원에서 근무하고 있습니다. 예비판사를 포함하여 2001년부터 25년간 법원에서 판사로 근무하며 주로 민사사건과 형사사건을 담당하고 있습니다.

편 짧게 요약하신 이력으로도 판사님의 다각적인 활동을 조금 엿볼 수 있었습니다. 마지막으로, 이 책을 읽는 청소년은 진로에 대한 고민이 많을 텐데요. 자신의 미래를 진지하게 고민하는 청소년에게 선배 판사로서 어떤 이야기를 들려주고 싶으세요?

장 청소년 여러분의 삶은 접수된 지 얼마 되지 않은 사건과 같습니다. 아직 주장도 정리되지 않았고 증거도 제출되지 않은 얇은 기록과 같은 상태입니다. 지금 당장 어떤 직업을 선택해야 할지, 어떤 길로 가야 할지 막막할 수 있고, 어떨 때는 길을 잃은 기분일 수도 있습니다. 저 역시 중학생, 고등학생 때는 수시로 장래의 희망이 바뀌기도 하였고, 하고 싶은 일은 없고 하고 싶지 않은 일만 있기도 하였습니다.

하지만 괜찮습니다. 아직 변론이 시작되지 않았을 뿐입니다. 인생에는 정해진 길이 없고, 수많은 길이 있어요. 길을 가는 방식도 다양하며, 새로운 길을 만들어야 할 때도 있습니다. 지금은 그 길이 불분명해 보이지만 내가 무엇을 할 때 가장 즐거운지, 어떤 일에 가슴이 뛰는지, 내가 가장 잘할 수 있는 일이 무엇인지 귀 기울여 보세요. 그 목소리를 나침반 삼아 하루하루 나아가면 여러분만의 길이 열릴 것입니다. 넘어지면 다시 일어나고, 길을 잃으면 잠시 멈춰 풍경도 둘러보며 다시 방향을 잡으면 그만입니다. 여러분의 삶은 여러분이 직접 진행하는 재판입니다. 재판장으로서 누구의 눈치도 볼 필요 없이 꾸준히 역량을 키우고 나의 적성과 열정을 꼼꼼히 증거조사하고 판단하여, 훗날 자신에게 부끄럽지 않은 멋진 판결문을 한 줄씩 써 내려가기를 응원합니다.

편 말씀 고맙습니다. 법조인에 관심이 많은 청소년, 특히 정의가 법정에서 어떻게 구현되는지 궁금한 청소년에게 도움이 되기를 바라며 잡프러포즈 시리즈 판사 편을 시작합니다.

대한민국 대법원 청사

LAWYER

대한민국
법원

법원은 어떤 곳인가요?

편 법원이 어떤 곳인지 모르는 청소년은 없겠지만, 짚어보는 의미에서 법원이 어떤 곳인지 말씀해 주세요.

장 우리나라의 국가 권력은 삼권분립의 원리에 따라 입법권[1], 행정권[2], 사법권[3]으로 나뉘어져 있습니다. 이러한 삼권분립의 원리는 국가 권력의 작용을 세 가지로 나누어 각각 별개의 독립된 기관에 분담시키고 상호 간에 견제와 균형을 유지하게 합니다. 이렇게 국가 권력이 특정 기관에 집중되어 남용되는 것을 방지하고, 궁극적으로는 국민의 자유와 권리를 보호하려는 자유주의적 원리입니다.

법원은 사법권을 행사하는 국가기관으로서 사법부라고도 합니다. 사법권은 법을 적용하고 해석하여 분쟁을 해결하며, 위법한 행위로 인해 침해된 개인의 권리를 회복시켜 주고, 사회 질서를 유지하는 국가의 권력입니다. 사법부는 국가 권력의 남용을 견제하고 법치주의를 실현하여 국민의 기본권을

---

1 법을 만드는 국가의 권력.

2 법을 집행하는 국가의 권력.

3 법을 적용하고 해석하는 국가의 권력.

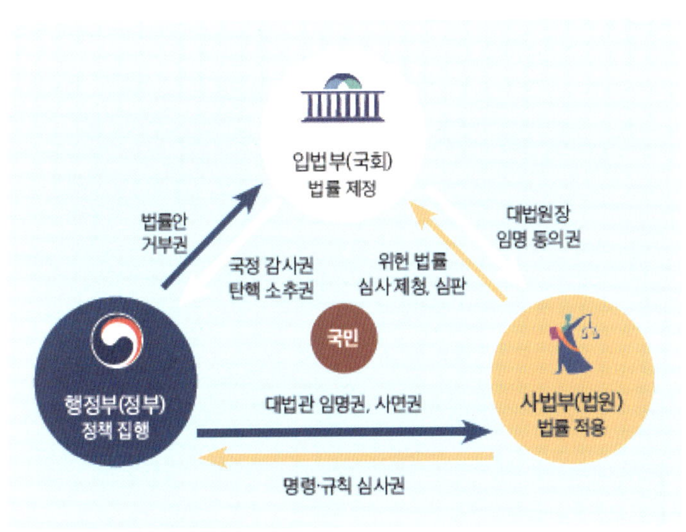

수호하는 마지막 보루입니다.

편 사법권을 행사하는 국가기관이 법원인데요. 구체적으로 어떤 권한을 가지나요?

장 대한민국 헌법 제101조 제1항은 "사법권은 법관으로 구성된 법원에 속한다."라고 명시함으로써 사법권이 국회와 정부로부터 독립적으로 존재함을 명확히 보장하고 있습니다. 대한민국 법원은 헌법과 법률에 따라 포괄적인 사법권을 가집니다.

법원은 원칙적으로 헌법재판소의 관할 사항 등을 제외한 모든 법률상의 분쟁(민사, 형사, 행정, 가사, 특허, 선거 등)에 대해 법률을 해석하고 적용하여 재판(민사재판, 형사재판, 행정재판, 가사재판, 특허재판, 선거재판 등)을 통해 최종적인 판단을 내리는 재판권을 가집니다. 또한 명령, 규칙 또는 행정기관의 처분(행정작용)이 헌법이나 법률에 위반되는지에 대한 심사 권한을 가집니다. 그리고 재판의 전제가 되는 법률이 헌법에 위반되는지가 문제가 될 경우, 법원은 직권[4]으로 또는 당사자의 신청에 따라 헌법재판소에 위헌 여부 심판을 제청할 수 있습니다.

법원은 재판 이외에도 국민 생활과 밀접하게 관련된 비송(非訟)사건[5](부동산 등기, 동산·채권 담보등기, 가족관계등록, 공탁, 집행관 및 법무사 관련 사무, 기업 및 개인의 회생 및 파산 관련 사무)을 관장하거나 감독합니다.

법원은 사법부의 조직, 인사, 예산, 회계, 시설관리 등 사법

---

4 스스로 자신의 권한으로.

5 법원이 개인 간의 생활 관계에 관여하는 일 가운데 소송 사건 이외의 사건. 소송과 달리 민사상의 생활 관계를 돕거나 감독하기 위해 국가가 관여하는 사건.

부를 운영하는 데 필요한 사법행정 작용을 총괄하고, 지휘·
감독합니다.

어떤 종류의 법원이 있나요?

 법원 조직은 어떻게 구성되어 있나요?

 대한민국 법원은 법원조직법에 따라 그 종류와 관할[6]이 정해져 있습니다. 대한민국은 국민의 권익을 보호하고 재판의 공정성을 확보하기 위하여 하나의 사건에 대해 원칙적으로 한 번 이상의 재판을 받을 수 있는 심급제도[7]를 채택하고 있습니다. 법원은 심급제도에 따라 계층적으로 조직되어 있습니다.

지방법원급 법원은 분쟁의 사실관계를 확정하고 법률을 적용하는 첫 번째 재판을 주로 담당합니다. 일반법원으로 '지방법원'이 있고, 특별법원으로 '가정법원, 행정법원, 회생법원'이 있습니다. 지방법원은 민사, 형사사건을 비롯하여 법률에 특별한 규정이 없는 모든 사건의 제1심을 담당하고, 단독판사[8]

---

6 각 법원이 담당하는 재판권의 범위.

7 하나의 소송 사건에 대하여 서로 다른 계급의 법원에서 반복하여 심판하는 상소 제도.

8 혼자서 재판권을 행사하는 판사.

가 심리[9]한 제1심 사건의 항소심도 상당 부분 담당합니다(지방법원 항소부). 가정법원은 가사 소송, 가사 비송, 소년 보호 사건, 가정 보호 사건 등 가족 및 친족, 청소년과 관련된 사건을 담당합니다. 행정법원은 행정 처분 등 국가기관의 공권력 행사와 관련된 분쟁을 담당합니다. 회생법원은 기업 및 개인의 파산 및 회생 사건을 담당합니다. 지방법원에는 관할 구역 내에 '지원[10]'과 더 작은 규모의 '시·군 법원'을 둘 수 있습니다. 이들은 지방법원 사무의 일부를 처리합니다.

고등법원급 법원은 일반법원으로 '고등법원'이 있고, 특별법원으로 '특허법원'이 있습니다. 고등법원은 지방법원이나 가정법원, 행정법원, 회생법원의 판결 및 결정 등에 대한 항소[11] 및 항고[12] 사건에 대하여 사실심[13]으로서 다시 사실관계를 심

---

9   재판에 필요한 사실관계 및 법률관계를 명확히 하기 위하여 법원이 사건을 심사하는 행위.

10   지방법원이나 가정법원의 관할 아래에 있으면서 일정한 지역에 따로 떨어져 그곳의 법원 사무를 맡아 처리하는 하부 기관.

11   제1심법원의 종국 판결에 대하여 불복하여 상급 법원에 다시 판단을 구하는 일.

12   제1심법원의 결정이나 명령에 대하여 불복하여 상급 법원에 다시 판단을 구하는 일.

13   소송 사건의 법률문제뿐만 아니라 사실문제까지도 심리하거나 판단하여 재판하는 일.

리하여 판단합니다. 특허법원은 특허심판원의 심결[14]에 대한 취소소송을 제1심으로 관할하고, 일부 지식재산권 침해 사건의 항소심을 담당합니다.

대법원은 대법원장과 대법관 13인으로 구성되고, 하급심(고등법원, 특허법원, 지방법원 항소부 등) 판결에 대한 상고[15]사건 및 재항고[16] 사건, 선거사건 등을 대상으로 원칙적으로 사실관계를 다시 심리하지 않는 법률심[17]으로, 하급심의 법령[18] 해석과 적용에 오류가 없는지 최종적으로 판단합니다. 대법원은 법률에 저촉되지 않는 범위 내에서 소송 절차, 법원의 내부 규율과 사무 처리에 관한 규칙을 제정할 수 있는 권한을 가지고, 대법원장은 사법행정사무를 총괄합니다.

---

[14] 특허심판원이나 공정거래위원회 같은 행정 심판 기관에서 준사법적 절차에 따라 사건을 심리한 후 내리는 결정.

[15] 제2심법원의 종국 판결에 대하여 불복하여 상급 법원에 다시 판단을 구하는 일.

[16] 제2심법원의 결정이나 명령에 대하여 불복하여 상급 법원에 다시 판단을 구하는 일.

[17] 소송 사건에 관하여 사실심에서 행한 재판이 법령에 어긋나는지 심사하고 재판하는 상급심.

[18] 법률과 명령을 아울러 이르는 말.

01. 민/형사사건 심급제도

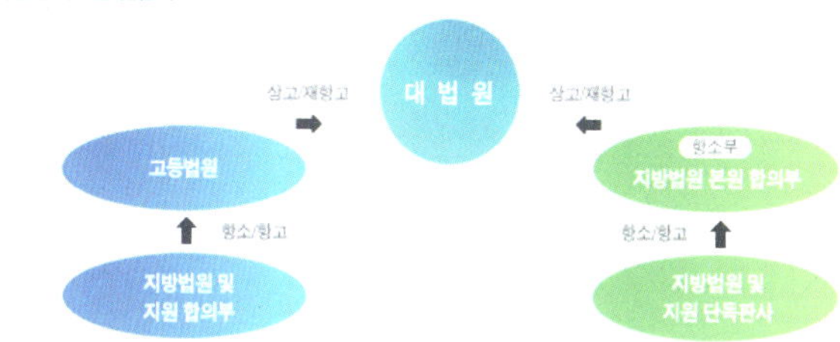

02. 가사사건 심급제도

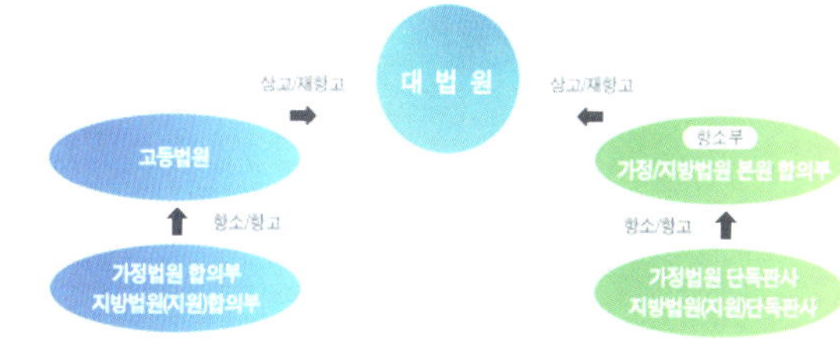

03. 행정사건 심급제도

공정의 저울과 정의의 칼로 국민을 수호하는
판사

전문 법원은 왜 따로 독립되어 있나요?

편 전문 법원은 왜 따로 독립되어 있나요?

장 전문법원은 특정 분야의 사건을 전문적으로 다루기 위해 만들어진 법원입니다. 사회가 복잡해지고 분야별 전문성이 요구되면서 일부 영역은 고도의 법률·기술·사회적 이해가 필요하게 되었습니다. 특허법원은 기술·과학 지식을 바탕으로 한 판단이 필요하고, 행정법원은 공무원 인사·조세·도시계획 등 행정 전반에 관한 전문적 이해가 필요하며, 가정법원은 청소년, 가사, 가정폭력 등 심리·상담적 요소가 강합니다. 특정 분야의 사건을 지속해서 다루면 판사의 판단 기준이 정교해지고, 판례[19] 축적이 안정적이며, 재판 신뢰도도 높아집니다. 그래서 분야 전문화를 통해 빠르고 정확한 재판을 목표로 전문법원을 운영합니다.

편 어떤 전문 법원이 있나요?

장 가정법원(가사, 소년, 가정폭력 등), 행정법원(행정소송 전담), 특

---

19 법원에서 동일하거나 비슷한 소송 사건에 대하여 행한 재판의 선례.

허법원(특허·상표·디자인 심판 사건), 회생법원(기업회생·파산 사건)이 있고, 일부 지역의 지방법원에 가사전담부·국제재판부가 설치되어 있습니다. 각 법원은 전국 단위 또는 지역 단위로 별도로 구성되어 있습니다.

편 전문법원의 판사는 어떻게 되는 건가요?

장 배정을 받을 수도 있고 본인이 지원할 수도 있습니다. 전문 법원은 5년 이상 한 분야의 전문 법원에서 근무하며 전문성을 살릴 수 있도록 전문 법관 제도를 운영합니다. 하지만 평생 같은 곳에서 근무하지는 않습니다.

편 전문성을 살리려면 오랫동안 일하는 게 좋을 것 같은데 왜 그런가요?

장 하나의 분야만 계속 맡으면 그 분야의 논리나 관행에 과도하게 기울어져 시야가 좁아지고 새로운 관점에서 판단하기 어려워질 수 있습니다. 특정 분야의 사건·기관·변호사 등과 지속해서 접촉하면 무의식적 편향이나 공정성 시비가 발생할 위험도 있습니다. 그리고 판사들도 좋아하는 업무와 힘들어서 꺼리는 업무가 있습니다. 만약 특정 분야를 한 사람이 계속 맡게 되면 인기 업무만 독점하거나 기피 업무가 특정인에게만 집중되는 불평등이 발생할 수 있지요. 주기적 순환 근무는 판사 역량 분배와 부서 운영의 유연성 확보에 도움이 됩니다.

재판 분야를 나누는 목적은 무엇인가요?

 법원이 구분되었다는 것은 재판 또한 분야별로 나뉜다는 건데, 왜 이렇게 나누는 건가요?

 법원에서 하는 재판은 민사재판, 형사재판, 가사·소년·가정·아동보호재판, 행정재판, 특허재판, 헌법관련재판 등으로 나뉩니다. 이렇게 세분화하는 이유는 단순한 조직 편의 때문이 아니라, 각 사건의 성격과 목적이 크게 다르기 때문입니다. '민사재판'은 개인 또는 단체 사이의 재산권이나 신분 관계 등에 대한 사법(私法)상의 분쟁을 해결하는 절차로 계약·돈·재산 문제 등을 다룹니다. '형사재판'은 범죄 혐의가 있는 사람(피고인)에 대하여 유·무죄를 가리고 유죄로 인정되는 경우 형벌을 과하는 절차입니다. '가사재판'은 가족 및 친족 간의 분쟁 사건에 대한 재판이고, 소년보호재판은 19세 미만 소년의 범죄 사건 등에 대하여 환경의 조정과 성행[20]의 교정에 관한 보호처분을 하는 재판입니다. '가정보호재판'은 가정 구성원 사이의 가정폭력사건에 대하여 환경의 조정과

---

20 성품과 행실을 아울러 이르는 말.

성행의 교정에 관한 보호처분을 하는 재판이고, '아동보호재판'은 18세 미만인 아동에 대한 보호자의 학대 즉, 아동의 건강 또는 복지를 해치거나 정상적 발달을 저해할 수 있는 신체적·정신적·성적 폭력 등으로부터 피해아동을 보호하는 재판입니다. '행정재판'은 행정청이 행한 행정처분(작위 또는 부작위) 등의 위법 여부에 대한 다툼과 공법상 법률관계에 관한 다툼을 해결하는 것을 목적으로 하는 재판입니다. '특허재판'은 특허사건을 전담하여 처리합니다. 그리고 법률의 위헌 여부에 관한 종국적인 심사 권한은 헌법재판소에 있지만, 심사

행정재판 출처 : 대한민국 법원

과정에서 법원과 헌법재판소는 역할을 분담하고 있습니다.

편 재판에서 다루는 사건의 성격이 달라서 나누는 것이군요.

장 적용할 법과 절차도 다릅니다. 민사는 민법·민사소송법, 형사는 형법·형사소송법, 행정은 행정법·행정소송법, 가사·소년은 가사소송법·소년법, 특허는 특허법·특허법원 절차 등등, 각 재판에 맞는 법과 절차가 따로 있습니다. 이렇게 분야를 나누면 효율적으로 재판을 진행할 수 있습니다.

소장이 접수된 뒤 사건은 어떻게 배당되나요?

편 소장이 법원에 접수되면 사건이 배당된다고 들었습니다. 구체적으로 어떤 절차로 배당이 이루어지나요?

장 우선 사건이 접수되면 가장 먼저 관할 법원이 정해집니다. 사건의 종류나 주소지·발생지 등 여러 기준에 따라 어느 법원이 맡을지가 결정됩니다. 그다음에는 그 법원 안에서 사건의 성격과 난도에 따라 큰 카테고리를 나누는 절차가 진행됩니다. 예를 들어 민사사건이라면 소액 사건, 중액 사건, 고액 사건, 이런 식으로 금액이나 난도에 따라 합의사건인지 단독사건인지 나눕니다. 형사사건은 법정형에 따라 합의사건, 단독사건으로 구분됩니다.

편 이렇게 크게 분류되고 나서 어느 재판부로 가는지는 어떻게 결정되나요?

장 원칙은 전산 무작위 배당입니다. 특정 재판부에 사건이 몰리지 않도록 시스템이 자동으로 골고루 배정해 줍니다. 그리고 전담 분야가 있는 재판부가 있습니다. 예를 들어 민사에서는 의료사건, 건설사건, 언론사건, 국제거래사건, 노동사건, 지식재산권사건처럼 전문성이 필요한 분야가 따로 있어

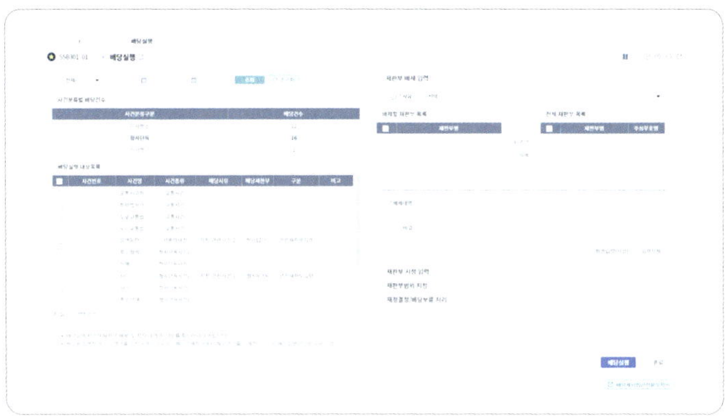

전산배당 화면

요. 이런 사건은 해당 전담 재판부 안에서 배당되도록 설정되어 있습니다.

편 사건의 종류를 판단하는 기준은 누가 정하나요? 소송을 제기한 당사자가 직접 카테고리를 정하는 건가요?

장 기본적으로 당사자가 제출하는 소장에는 사건명이나 금액 등이 적혀 있어요. 이걸 토대로 1차 분류가 이루어지지만, 당사자가 사건의 성격을 정확히 이해하지 못하는 경우도 많습니다. 그래서 접수 직원들이 1차로 사건 내용을 보고 판단

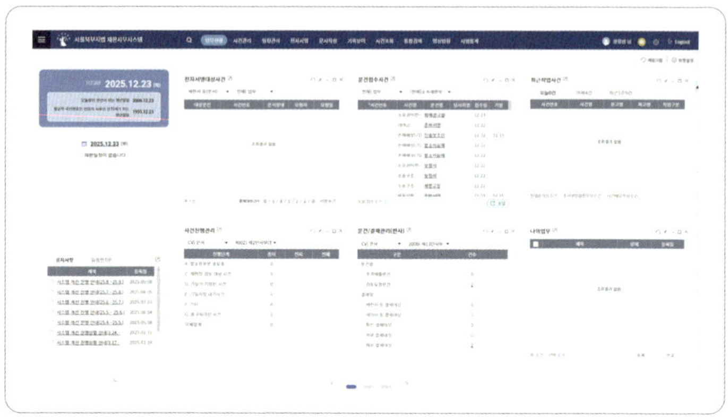

재판사무시스템 화면

하고, 필요하면 소장 내용을 검토해서 실제 성격에 맞게 분류합니다.

편 잘못 분류된 사건이 재판부에 넘어가면 어떻게 되나요?

장 그런 경우는 2차 조정 과정이 있습니다. 예를 들어 당사자가 '손해배상'이라고 적었는데 내용을 보니 의료사건이라면, 재판부에서 확인 후 의료 전담 재판부로 재배당합니다. 이렇게 1차·2차 절차를 거쳐 사건이 가장 적합한 재판부로 배정되는 구조예요.

사건을 단독 또는 합의부로 배당하는 기준은 무엇인가요?

편 사건을 단독 또는 합의부로 배당하는 기준은 무엇인가요?

장 사건 배당의 기준은 법원조직법에 규정되어 있습니다. 민사사건은 기본적으로 청구 금액(소가)에 따라 사건이 단독판사 사건인지 합의부 사건인지 구분됩니다. 소송목적의 값이 5억 원을 초과하는 사건은 원칙적으로 합의부 사건이고, 5억 원 이하 사건은 원칙적으로 단독사건입니다. 그러나 이 안에서도 금액 규모와 사건의 종류에 따라 '고액·중액·소액 사건' 등 세부 분류가 있습니다. 금액을 산정할 수 없는 민사사건, 예를 들면 종중 결의 무효 확인, 회사 총회 결의 무효 확인, 대표자 지위 부존재 확인, 토지 경계 확정 소송 등 가액 산정이 불가능한 사건은 원칙적으로 합의부 사건으로 처리됩니다. 금융기관이 원고인 대여금 청구사건, 교통사고 손해배상 청구사건 등과 같은 비교적 정형적인 사건은 소송목적의 값과 관계없이 단독사건으로 처리됩니다.

편 형사사건은 어떤 기준으로 배당되나요?

장 각 범죄에 대하여 법률에 규정된 형벌의 종류와 범위, 즉

법정형의 '최소 형량'을 기준으로 단독·합의를 구분합니다. 실제 선고되는 형량이 아니라, 법에 적힌 '법정형'이 기준입니다. 법정형의 하한이 징역 또는 금고 1년 이상인 범죄는 합의부 사건, 법정형의 하한이 징역 또는 금고 1년 미만인 범죄는 단독사건으로 배정합니다.

편 1년 기준은 좀 낮은 것 아닌가요?

장 언론에 노출되는 형사사건은 중범죄가 많아 그 기준이 적게 느껴질 수 있습니다. 그런데 실제 재판에서 1년 이상의 징역형을 선고받는 사건은 그렇게 많지 않습니다. 또한, 법정형의 하한이 1년 미만의 사건에서 10년, 20년 이상의 징역형이 선고되는 사기 사건도 많습니다. 선고형[21]과 법정형은 다르다는 것을 알면 이해할 수 있을 것입니다.

편 중범죄는 합의부에 배당되는 건가요?

장 특정경제범죄(수십억 횡령·배임 등), 강도 등 흉기 사용 범죄, 기타 법정형 하한이 높게 설정된 중범죄들은 합의부 사건입니다.

---

21 법원이 처단형의 범위 안에서 형량을 정하여 피고인에게 선고하는 형.

민사재판은 어떤 절차로 진행되나요?

편 일반적인 재판절차는 어떻게 되나요?

장 재판은 단독판사나 3인의 법관으로 구성된 합의부에서 진행됩니다. 재판의 심리와 판결은 원칙적으로 공개합니다. 다만, 심리는 국가의 안전보장 또는 안녕질서를 방해하거나 선량한 풍속을 해할 염려가 있을 때에는 법원의 결정으로 공개하지 않을 수 있으나, 이 경우에도 헌법 제109조에 따라 판결은 공개하여야 합니다.

대한민국 법원의 재판절차는 사건의 성격에 따라 민사재판과 형사재판으로 크게 구분되며, 3심제를 기본 원칙으로 합니다.

편 민사재판의 절차에 대해 알려주세요.

장 민사재판은 개인 또는 단체 사이의 재산권이나 신분 관계 등에 대한 사법(私法)상의 분쟁을 해결하는 절차로 소를 제기한 당사자를 원고(原告)라고 하고, 소를 제기당한 상대방을 피고(被告)라고 합니다. 민사재판의 절차는 소 제기 – 소장 심사 – 소장 송달 및 답변서 제출 – 변론준비 및 변론기일 진행 – 조정 및 화해권고 절차(선택적) – 변론종결 및 판

2021년 가인 법정변론 경연대회 영상재판

결선고 – 불복절차의 단계를 거칩니다.

편 각 단계마다 구체적으로 하는 일은 무엇인가요?

장 원고가 소를 제기하기 위하여 법원에 소장(訴狀)을 제출하면 소송이 시작됩니다. 재판부에 사건이 배당되면 재판장은 먼저 소장의 절차적 요건이 제대로 갖추어졌는지, 적절한 재판부로 접수되었는지 확인합니다. 합의부 사건이 단독판사 사건으로 잘못 들어왔는지, 항소 사건이 1심 재판부로 잘못 배당된 것은 아닌지, 전담 분야(의료, 건설, 지적재산 등)가 필요한 사건인지 아닌지를 판단해 잘못 접수되었다면 재배당할 수도 있고, 바로 각하[22]할 수도 있습니다.

적법한 요건을 갖추지 않은 소장이 있으면 보정명령[23]으로 보완할 기회를 줍니다. 청구취지 자체가 명확히 특정되지 않았을 때는 언제까지 명확히 특정하라, 소송비용(인지세나 송달료)을 미리 내지 않았다면 언제까지 내라는 등의 보정 기회를 주는 거예요. 그런데 기한 내에 보정하지 않으면 보정명령

---

[22] 소나 상소가 형식적인 요건을 갖추지 못한 경우, (내용을 판단하지 아니하고) 소나 상소가 부적법하다는 이유로 소송을 종료하는 판단.

[23] 법원에서 소를 제기한 당사자에게 부족한 부분을 보충하라는 명령.

을 이행하지 않았음을 이유로 소장을 각하합니다. 또한, 보정이 가능하지 않은 중대한 흠이 있는 소장은 보정명령을 하지 않고 즉시 각하합니다.

절차적 요건을 통과한 뒤에는 실체적 내용을 검토해 본안 심리로 바로 들어갈지, 아니면 조정을 먼저 시도할지 판단합니다. 금전 분쟁이나 합의 가능성이 높아 보이는 사건은 재판하는 것보다 조정이 더 효율적일 수 있습니다. 조정이 필요하다고 판단되면 조정위원회(법원 내 조정기구)에 회부하거나, 판사가 직접 조정 절차를 진행할 수도 있습니다.

재판이 진행되면 본안 심리를 위한 준비를 합니다. 변론기일을 바로 잡을 정도로 이미 공방이 진행된 사건은 바로 변론기일을 지정하여 재판을 진행하면 되지만, 대체로 대부분의 사건은 상대방의 답변서, 준비서면, 초기 증거 제출이 미비합니다. 그래서 양측의 준비서면이나 증거가 더 들어올 수 있도록 시간을 가집니다.

몇 달 정도의 시간이 지나거나 서로 공방이 어느 정도 됐다는 판단이 들면 변론준비기일을 잡거나 바로 변론기일을 잡습니다. 변론준비기일은 재판을 하기 전에 서로 미비한 점, 의문 나는 점, 확인하고 싶은 점 등의 쟁점을 정리하고, 보완하거나 사전 조사가 필요한 증거들을 준비할 수 있도록 진행하는 절차입니다.

당사자 사이에 공방이 충분히 이루어졌거나 쟁점 정리가 끝나면 변론기일을 지정하여 정식 재판을 진행합니다. 변론이 끝나면 선고기일을 정해 판결을 선고합니다.

편 판결 전에 재판 당사자들의 주장과 근거, 공방이 오가는 자료들을 판사님이 다 검토하시는 거죠?

장 그렇습니다. 사건 관련한 기본적인 사실관계는 원고와 피고가 제출한 자료와 증거로 확인합니다. 그런데 당사자들이 제출한 자료 중에는 사실관계에 관한 주장뿐만 아니라 법리[24]에 관한 주장도 많습니다. 이 사건과 관련한 대법원 판례가 있다, 외국에 비슷한 사례가 있다, 논문에 어떤 내용이 있다는 등 여러 근거를 들어 주장을 합니다. 그러면 주장의 근거로 제시된 자료가 이 사건과 부합하는 것인지, 적용할 수 있는 것이지 확인해야 합니다. 또한, 어떤 사안은 기존에 다뤄지지 않았던 새로운 법리를 주장합니다. 그러면 당사자가 주장한대로 법리를 적용할 수 있는지 확인하고, 아니면 이런 사

---

24 법률의 원리와 논리.

안에서 적절한 법리가 무엇인지 판례, 논문, 전문 서적 등을 참고해서 찾아내야 합니다.

편 참고할 자료가 꽤 많을 것 같은데요.

장 법원 내에서 재판 관련 자료를 정리해 자료집으로 만들어 수시로 판사들에게 배포합니다. 1년에 수십 권씩 주는데요. 거기에는 판례, 1심 2심 판결문, 각종 논문 등, 재판했던 실무 노하우가 담긴 다양한 자료들이 포함되어 있습니다. 물론 데이터베이스 안에서도 거의 모든 자료를 찾아볼 수 있습니다. 이런 자료들은 받는 즉시 보지 않더라도 구체적인 쟁점이 문제될 때 관련 자료를 찾아볼 수 있습니다.

편 재판 과정에서 제출된 서면 자료와 증거들은 모두 기록으로 남는 건가요?

장 재판 전 과정을 기록한 문서를 '조서(調書)'라고 합니다. 변론기일에 어떤 서면이 제출되었는지, 당사자가 어떤 진술을 했는지, 재판장이 질문한 내용과 당사자의 답변은 무엇인지, 증거 신청이 있었는지, 어떤 증거를 채택하고 기각했는지, 증거조사 과정(증거 제출·조사 결과)은 어땠는지, 재판이 어떻게 진행되었는지 절차와 사실을 모두 조서에 기록합니다.

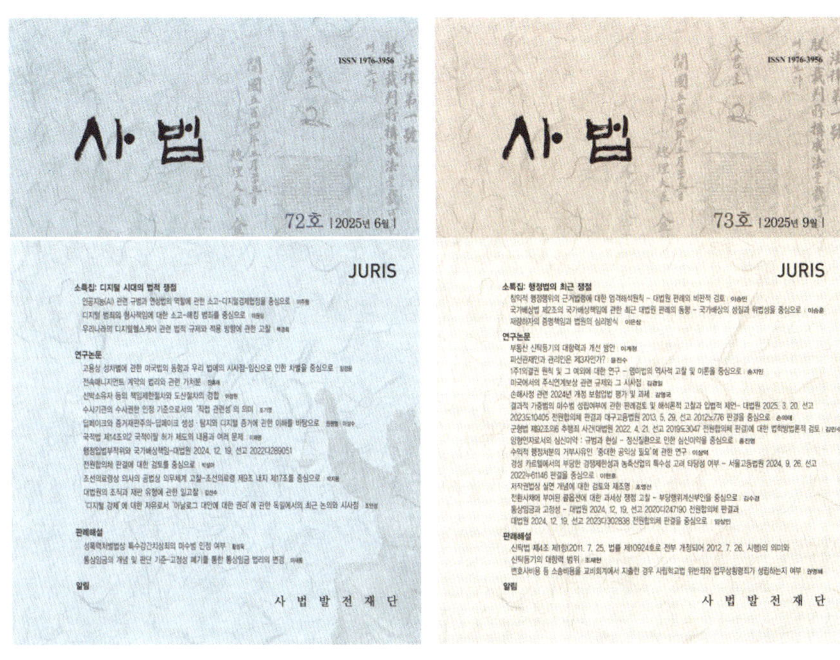

최근 쟁점에 대한 소고, 연구논문, 판례해설 등을 담은 계간지 『사법』.

편　심리가 끝나면 이제 판결을 하는 건가요?

장　변론이 끝나면 재판장은 선고기일 전에 최종 판단을 담은 판결문을 작성합니다. 판결문은 판결 결과인 주문을 쓰고 어떤 이유로 이 결론에 이르렀는지 이유를 상세히 서술합니다. 주문은 민사재판에서는 승패 또는 지급해야 할 금액은 얼마라는 구체적인 결론을, 형사재판에서는 유무죄를 판단하

고 유죄 판단을 하는 경우 피고인에게 부과하는 형을 정합니
다. 그다음 판단에 대한 근거로 쟁점별 사실인정, 법리 판단,
판단에 대한 구체적 근거를 씁니다. 판결문을 작성할 때는
초고를 마련한 다음 문구와 표현, 서술 방식 등을 여러 차례
다듬고 다듬는 과정을 거칩니다. 어떤 사건은 일고여덟 번을
수정할 정도로 수시로 보고 고친 적도 있습니다. 판결문은
재판의 결과로 당사자에게 큰 영향을 미치고 영구보존되기
때문에 신중하게 써야 합니다.

편 아까 조정 절차를 밟는 사건도 있다고 하셨는데요, 그런
사건은 어떻게 해결되는 건가요?

장 조정·화해 권고 사건은 조정위원회나 판사의 조정 절차
를 밟는데, 서로 합의가 되면 합의문(조정안)을 작성하는 것으
로 사건이 해결됩니다. 조정기일에 바로 합의되지 않는 경우
에는 조정위원회나 판사가 일종의 조정안인 '조정을 갈음하
는 결정'이나 '화해권고결정'을 하는 경우도 있습니다. 이에 대
하여 당사자 쌍방이 각 수령일부터 14일 이내에 이의(異議)[25]

---

25 반대 또는 불복의 의사를 표시하는 일.

판결문 초고

하지 않는 경우 조정이 성립한 것과 똑같은 효력이 발생합니다. 조정조서[26]는 판결문과 똑같은 효력을 가집니다. 그래서 나중에 조정한 대로 이행하지 않는 일이 발생하면 집행문을 부여받아 바로 집행할 수 있습니다.

---

26 조정 절차에서 조정이 성립되었을 때 법원사무관 등이 당사자 사이에 합의된 사항을 기재한 조서.

조정 및 화해 권고는 어떤 때 하는 건가요?

편 재판이라고 하면 보통 판결로 결론을 내리는 모습을 떠올리게 됩니다. 그런데 실제로는 조정이나 화해를 권고하는 절차가 많이 활용된다고 하셨어요. 어떤 경우에 판결로 가지 않고 조정·화해 권고의 절차를 밟나요?

장 민사사건과 가사사건, 일부 행정사건에서는 판결보다 조정이나 화해가 더 적절한 해결 방식이 되는 경우가 많습니다. 판결은 법률적 판단만으로 승패를 결정해야 하지만, 조정은 당사자가 스스로 합의점을 찾아, 보다 유연한 해결을 도출할 수 있다는 장점이 있습니다. 그래서 가급적 판결 절차로 가기보다는 당사자들이 좀 더 합리적으로 원하는 결과를 도출할 수 있도록 조정·화해를 권고하는 편입니다.

편 행정소송도 조정이나 화해 권고가 가능하다고요?

장 충분히 가능합니다. 어떤 기관이 화해 권고안을 받아들여 기존 처분을 취소한다든가, 기존 처분은 취소하되 다른 새로운 처분을 하는 식으로 조정을 할 수도 있어요.

편 그런데 이미 재판까지 왔는데 왜 다시 합의를 시도하는 지 의문이 생기는데요.

장 재판에서 조정과 화해가 꼭 필요한 절차도 아니고, 옳고 그름을 가리려고 재판을 청구했는데 굳이 조정과 화해 절차 를 권유하는 게 적절한지 의문을 제기하는 사람들도 있어요. 판결은 전부 승소 아니면 전부 패소와 같이 칼로 무 자르듯 이 법리에 따라 명확히 결론을 냅니다. 일부 승소 판결도 많 이 있지만, 그런 경우에도 법률적으로 아주 세밀하게 판단해 서 금액이 정확하게 제시돼요. 반면에 조정과 화해 과정에서 는 보통 조금 권리를 더 많이 가지고 있는 사람이나 경제적 으로 조금 여유 있는 사람한테 양보하라고 권유하는 예도 많 아요. 그래서 부당하다고 생각하는 사람들도 있을 수 있습니 다. 그런데 판결로 원고가 승소하는 것보다 실질적으로 원고 가 조금 양보했을 때 원고와 피고 서로에게 도움이 될 수 있 는 결론을 도출할 수 있는 경우도 많아요.

예를 들어 임대차[27] 관련한 소송에서 임차인[28]이 계약을 위

---

27 당사자의 한편이 상대방에게 물품이나 부동산을 사용하게 할 것을 약속하 고, 이에 대하여 상대방은 일정한 금액을 지급할 것을 내용으로 하는 계약.

28 임대차 계약에 따라, 돈을 내고 물건을 빌려 쓰는 사람.

반했거나 계약기간이 만료되어 건물에서 나가야 하는데 임차인이 나가기를 거부하면 퇴거 판결로 명확하게 결론을 낼 수 있습니다. 하지만 현실에서는 임대인[29]과 임차인 모두에게 좋은 선택이 아닐 수 있어요. 임대인은 새로운 임차인을 구해야 하는 부담이 있고, 요즘처럼 경기가 좋지 않을 때는 임대료가 낮아질 수도 있지요. 또 임차인은 이사를 해야 하는 번거로움과 이사 비용 부담이 있어요. 이럴 때 임차인이 잘못은 했지만 임대료를 조금 올려주고 계약을 새로 체결해 서로 번거로운 일을 피하고 경제적인 손실을 줄일 수 있는 조정안이 당사자 쌍방에게 판결보다 현실적인 도움이 될 수 있어요.

편 조정과 화해로 재판을 마무리하는 게 소송 당사자에게 더 이익이 될 때가 있군요.

장 사실 조정과 화해 과정은 당사자들의 이야기를 많이 들어주어야 하고, 적정한 타협안을 찾는데 시간과 품이 많이 듭니다. 그런데도 판결로 시비를 가리는 것보다 융통성을 발휘해 합의할 때 서로가 만족할 수 있는 지점이 있기 때문에

---

29 임대차 계약에 따라 돈을 받고 다른 사람에게 물건을 빌려준 사람.

권고하는 거예요.

사건 자체가 판결로 판단하기 매우 어렵고 시비를 가리기 애매한 사건들도 있습니다. 그런 사건들은 판결하더라고 종국적으로 분쟁이 해결되지 않아요. 또 판결로 결론이 나더라도 그걸 기반으로 또 새로운 법적 분쟁이 야기되는 사건들도 있어요. 이런 사건들은 판결하는 것보다 당사자들이 조정을 해서 분쟁을 종국적으로 해결하는 방안을 찾는 게 더 도움이 됩니다. 조정이 성립하면 바로 사건이 확정되고 상소[30]가 허용되지 않으므로 신속한 분쟁해결도 가능합니다.

편 판사 입장에서도 좋은 점이 있나요?

장 재판은 판사의 판결문으로 마무리됩니다. 판결문을 쓰는 것이 판사의 업무 중에서 큰 비중을 차지해요. 왜 이런 판결을 하게 되었는지 이유를 상세하게 기재하는데, 조정이 성립하는 경우 조정 이유를 기재할 필요가 없습니다. 그런 면에서 업무 부담을 줄일 수 있는 장점도 있습니다.

"가장 나쁜 조정이 가장 좋은 판결보다 낫다."라는 법조 격

---

30 하급 법원의 판결에 대하여 불복하여 상급 법원에 다시 판단을 구하는 일로 '항소'와 '상고'를 합하여 일컫는 말.

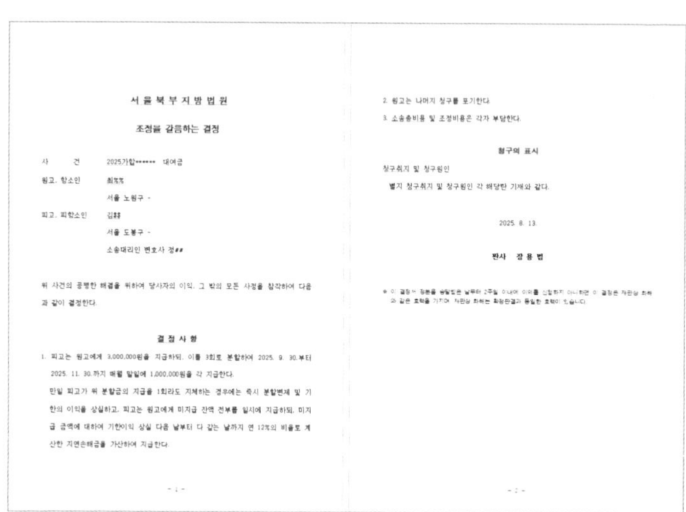

서울북부지방법원

조정을 갈음하는 결정

사　　　건　　2025가합***** 대여금

원고, 항소인　　최○○

　　　　　　　서울 노원구 -

피고, 피항소인　김○○

　　　　　　　서울 도봉구 -

　　　　　　　소송대리인 변호사 정##

위 사건의 공평한 해결을 위하여 당사자의 이익, 그 밖의 모든 사정을 참작하여 다음과 같이 결정한다.

결 정 사 항

1. 피고는 원고에게 3,000,000원을 지급하되, 이를 3회로 분할하여 2025. 9. 30.부터 2025. 11. 30.까지 매월 말일에 1,000,000원을 각 지급한다.
만일 피고가 위 분할금의 지급을 1회라도 지체하는 경우에는 즉시 분할변제 및 기한의 이익을 상실하고, 피고는 원고에게 미지급 잔액 전부를 일시에 지급하되, 미지급 금액에 대하여 기한이익 상실 다음 날부터 다 갚는 날까지 연 12%의 비율로 계산한 지연손해금을 가산하여 지급한다.

- 1 -

2. 원고는 나머지 청구를 포기한다.

3. 소송총비용 및 조정비용은 각자 부담한다.

청구의 표시

청구취지 및 청구원인

　별지 청구취지 및 청구원인 각 해당란 기재와 같다.

2025. 8. 13.

판사　장 용 범

※ 이 결정는 정본을 송달받은 날부터 2주일 이내에 이의를 신청하지 아니하면 이 결정은 재판상 화해와 같은 효력을 가지며 재판상 화해는 확정판결과 동일한 효력이 있습니다.

- 2 -

조정을 갈음하는 결정

언이 있습니다. 아무리 좋은 판결을 하더라도 패소한 당사자 입장에서는 불만을 가지는 경우가 많습니다. 하지만 조정은 당사자 쌍방이 모두 조정안에 동의해야 효력을 가지므로 상대적으로 원만하게 분쟁을 해결할 수 있고 감정적 앙금도 덜 남기게 됩니다. 많은 시간을 들여 어렵게 조정이 성립된 후 당사자 쌍방이 조정실에서 웃으며 악수하고 판사에게 고맙다고 하는 경우 큰 보람을 느끼기도 합니다.

형사재판 절차는 어떤가요?

편 앞에서 민사재판 절차에 대해 알아보았습니다. 다음은 형사재판 절차에 대해 말씀해 주세요.

장 형사재판은 범죄 혐의가 있는 사람(피고인)에 대하여 유·무죄를 가리고 유죄로 인정되는 경우 형벌을 과하는 절차입니다. 이때 원고는 국가를 대리하는 검사입니다. 형사재판은 수사 및 기소 – 공판[31]준비절차 – 공판절차(인정신문 – 모두진술 – 증거조사 – 피고인 신문 - 최종의견진술 – 변론 종결 및 판결선고) – 불복절차의 단계로 진행됩니다. 재판절차의 주요 단계와 특징은 다음과 같습니다.

· 수사 및 기소

수사기관(경찰, 검사 등)이 범죄에 대하여 수사하고, 검사가 범죄 혐의가 충분하다고 판단하면 법원에 공소장을 제출하여 재판을 청구합니다(형사소송법 제246조, 제254조).

---

31 기소된 형사 사건을 법원이 심리하는 일 또는 그런 절차.

· 공판준비절차

법원은 공소장의 부본을 피고인 또는 변호인에게 송달하고(형사소송법 제266조), 피고인 또는 변호인은 공소사실에 대한 인정 여부, 공판준비절차에 관한 의견 등을 기재한 의견서를 법원에 제출합니다(형사소송법 제266조의 2). 재판장은 효율적이고 집중적인 심리를 위하여 사건을 공판준비절차에 부칠 수 있습니다(형사소송법 제266조의5).

· 공판절차

공판절차는 재판장의 소송지휘에 따라 원칙적으로 공개된 법정에서 진행됩니다(형사소송법 제275조, 제279조). 피고인은 공판기일에 출석할 권리를 가짐과 동시에 재판장의 허가 없이 퇴정하지 못하는 재정의무[32]를 부담합니다(형사소송법 제276조, 제281조). 공판절차는 통상 다음의 순서로 이루어집니다.

---

[32] 법정에 나와 있어야 할 의무.

▶**인정신문**　재판이 시작되면 판사는 먼저 피고인에게 진술을 거부할 권리가 있다는 걸 알려주고, 이름, 나이, 사는 곳, 직업 등을 물어보며, 재판에 나온 사람이 공소장에 적힌 그 사람(피고인)이 맞는지 확인합니다.

▶**모두진술**　검사는 피고인이 어떤 죄를 저질렀다고 보는지, 그리고 어떤 법이 적용되는지를 설명합니다. 그다음 피고인이나 변호인은 혐의를 인정하는지, 또는 어떤 점이 사실과 다르다고 생각하는지 자신의 입장을 밝힙니다. 이때 피고인에게 도움이 될 만한 이야기(예: 특별한 사정)도 이때 말할 수 있습니다.

▶**증거조사**　이 단계에서는 양쪽이 증거를 제출하고 검토합니다. 검사는 피고인이 유죄라고 생각하는 근거를 제시하고 피고인 측은 무죄를 보여주는 증거나, 형벌을 가볍게 해줄 수 있는 자료를 제출합니다. 법원은 이 증거들 중 법적으로 인정될 수 있는 것만 조사하고, 증인을 불러 신문하거나, 피해자의 의견을 듣기도 합니다.

▶**피고인 신문**　검사 또는 변호인은 피고인에게 사건과 관련된 내용을 직접 질문할 수 있습니다. 재판장이 필요하다고 인정하면 직접 피고인을 신문할 수 있습니다.

▶**최종의견진술** 증거조사와 신문이 모두 끝나면, 검사는 어떤 법률을 적용해 어떤 형벌을 부과하는 것이 적절한지 의견을 진술합니다. 이때 검사가 '징역 ○년이 적당하다'고 말하는 것을 '구형'이라고 합니다. 이어서 변호인은 피고인을 위해 마지막 주장을 하고, 피고인도 직접 마지막으로 하고 싶은 말을 합니다.

▶**변론 종결 및 판결선고** 변론이 끝나면 바로 그 자리에서 또는 따로 기일을 정해 판결을 합니다. 그때 유죄 또는 무죄를 판단하고, 유죄인 경우 형벌을 선고합니다.

· **불복절차**

판결에 불복하는 당사자(피고인 또는 검사 등)는 판결 선고일로부터 7일 이내에 항소 또는 상고를 제기할 수 있습니다(형사소송법 제338조, 제358조, 제374조).

편 민사소송을 제기당한 상대방은 '피고'라고 불리는데, 형사소송을 제기당한 상대방을 '피고인'이라고 부르는 이유는 무엇인가요?

🔵장 민사소송에서 '피고(被告)'과 형사소송에서 '피고인(被告人)'을 구별하여 사용하는 것은 두 소송의 근본적인 성격, 당사자의 지위, 소송의 목적이 완전히 다르기 때문입니다.

특히 형사소송에서 피고인이라고 하여 '인(人)'을 붙이는 이유는 피고인을 단순히 형사소송의 대상으로 보는 것이 아니라, 피고인이 국가의 형벌권 행사에 대항하여 방어권을 행사하는 기본권의 주체라는 특별한 지위에 있고 헌법상 보장된 무죄 추정의 원칙, 진술거부권, 변호인의 조력을 받을 권리 등을 보장받는 사람이라는 것을 강조하기 위한 것입니다.

국민참여재판은 무엇인가요?

편 국민참여재판은 무엇인가요?

장 국민참여재판은 형사재판에서 배심원이라고 불리는 일반 시민들이 직접 참여하여 유무죄 및 양형에 대한 의견을 제시하는 제도입니다. 이는 일반 시민의 시각으로 재판 과정을 바라보고 판단에 참여함으로써 사법의 민주적 정당성과 사법부에 대한 국민의 신뢰를 증진시키고, 재판의 투명성과 공정성을 높이며, 재판절차에 국민의 의사가 반영됨으로써 실질적인 법치주의를 구현하는 데 기여합니다.

국민참여재판은 2008. 1. 1. '국민의 형사재판 참여에 관한 법률'이 시행되면서 시작되었습니다.

편 어떤 사건을 국민참여재판으로 할 수 있나요?

장 원칙적으로 모든 형사사건을 국민참여재판의 대상 사건으로 할 수 있으나, ① 피고인이 국민참여재판을 원하지 아니하거나, ② 성폭력범죄 피해자 등이 국민참여재판을 원하지 아니하거나 그밖에 국민참여재판으로 진행하는 것이 적절하지 아니하다고 인정되어 법원이 국민참여재판을 하지 아니하기로 하는 결정을 한 경우에는 국민참여재판을 하지 아니합니다(국민의 형사재판 참여에 관한 법률 제5조).

　아직까지 민사사건 등은 국민참여재판 대상 사건에 해당하지 않습니다.

편 어떤 사람들이 배심원이 될 수 있나요?

장 법원은 매년 주민등록자료를 활용하여 관할 구역 내에 거주하는 만 20세 이상 국민 중 일정한 수 이상이 추출된 배심원후보예정자명부를 작성합니다. 국민참여재판이 예정되면 법원은 위 명부 중에서 필요한 수의 배심원후보자를 무작위 추출 방식으로 정하여 배심원과 예비배심원 선정기일을 통지합니다. 위 통지를 받은 배심원후보자는 선정기일에 출석하여야 하고, 위 선정기일에 법률이 정한 사유(결격, 제외, 제척, 면제)가 없는 배심원후보자 중에 배심원과 예비배심원을 선정합니다.

　법정형이 사형·무기징역 또는 무기금고에 해당하는 대상 사건에 대한 국민참여재판에는 9인의 배심원이 참여하고, 그 외의 대상 사건에 대한 국민참여재판에는 7인의 배심원이 참여합니다. 다만, 법원은 피고인 또는 변호인이 공판준비절차에서 공소사실의 주요 내용을 인정한 때에는 5인의 배심원이 참여하게 할 수 있습니다.

출처 : 대한민국 법원

　법원은 배심원의 결원 등에 대비하여 5인 이내의 예비배심원을 둘 수 있습니다.

편　국민참여재판은 어떤 절차로 진행되나요?

장　법원은 국민참여재판 대상 사건의 피고인에 대하여 국민참여재판을 원하는지 여부에 관한 의사를 서면 등의 방법으로 확인합니다.

　법원은 국민참여재판 대상 사건 중 피고인이 국민참여재판을 원하고 배제 사유가 없는 경우 공판준비기일을 지정하여 주장과 증거를 정리하고 심리계획을 수립합니다.

　법원은 국민참여재판기일이 시작되기 전에 비공개로 진행

되는 배심원 선정기일을 열어, 통지서를 받고 참석한 배심원 후보자 중에서 배심원과 예비배심원을 선정합니다. 이 과정에서 법원과 검사·피고인 또는 변호인은 배심원 후보자에게 결격사유나 제외사유, 제척사유, 면제사유가 있는지, 불공평한 판단을 할 우려가 있는지 등을 판단하기 위하여 질문을 하고, 법원은 직권 또는 검사·피고인·변호인의 기피신청에 따라 당해 배심원 후보자에 대하여 불선정 결정을 하기도 합니다.

편 재판절차는 어떤가요?

장 국민참여재판의 공판절차는 일반 형사사건의 공판절차에 준하여 진행됩니다. 다만 배심원이 참여하는 특성상 특별규정에 따라 일부 절차가 추가되거나 변경됩니다. 재판장은 배심원과 예비배심원에 대하여 국민참여재판의 취지, 배심원과 예비배심원의 권한·의무·재판절차, 그밖에 직무수행을 원활히 하는 데 필요한 사항을 설명하고, 배심원과 예비배심원은 법률에 따라 공정하게 그 직무를 수행할 것을 다짐하는 취지의 선서를 하여야 합니다. 배심원과 예비배심원은 배심원석에서 전체 공판절차에 참여할 권리와 의무가 있으며, 피고인·증인에 대하여 필요한 사항을 신문하여 줄 것을 재판장에게 요청하는 등 심리에 관여할 수 있습니다.

재판장은 변론이 종결된 후 법정에서 배심원에게 공소사실의 요지와 적용법조, 피고인과 변호인 주장의 요지, 증거능력, 그밖에 유의할 사항에 관하여 설명하고, 필요한 때에는 증거의 요지에 관하여 설명할 수 있습니다.

심리에 관여한 배심원은 위 설명을 들은 후 유·무죄에 관하여 평의[33]하고, 전원의 의견이 일치하면 그에 따라 평결[34]합니다. 다만, 배심원 과반수의 요청이 있으면 심리에 관여한 판사의 의견을 들을 수 있습니다.

배심원은 유·무죄에 관하여 전원의 의견이 일치하지 아니하는 때에는 평결을 하기 전에 심리에 관여한 판사의 의견을 들어야 합니다. 판사는 법률적인 사항에 대해 배심원들에게 설명하고 도움을 주지만, 유무죄 판단에 관여하지는 않습니다. 이 경우 배심원들은 다수결의 방법으로 유·무죄의 평결을 합니다.

배심원은 유죄로 평결하는 경우 심리에 관여한 판사와 함

---

[33] 의견을 서로 교환하여 평가하거나 심의하거나 의논함.

[34] 평가하여 결정함.

께 양형에 관하여 토의하고 그에 관한 의견을 개진합니다. 재판장은 양형에 관한 토의 전에 처벌의 범위와 양형의 조건 등을 설명합니다.

　법관은 배심원의 평결과 양형의견을 존중하여 최종 판결을 내리나, 배심원의 위와 같은 평결과 의견은 법원을 기속[35] 하지 아니합니다. 만약 법관이 배심원의 평결에 법률의 적용이나 사실인정[36]에 명백히 잘못이 있다고 판단되는 경우, 배심원의 평결과 다르게 판결할 수 있습니다.

---

35 남을 강제로 얽어매어 자유를 빼앗음.

36 증거에 의하여 재판의 기초가 되는 어떤 사실이 있는지 없는지를 판단하는 일.

편 국민참여재판을 하고도 법원이 배심원의 평결과 양형의견에 기속되지 않도록 한 이유는 무엇인가요?

장 국민참여재판에서 배심원의 평결과 양형의견이 법원을 기속하지 않고 단지 권고적 효력만을 가지도록 법률로 규정한 주된 이유는 우리나라가 미국식 '배심제'가 아닌 한국적 특성을 반영한 '참심제[37]적 요소가 가미된 배심제'를 도입했기 때문입니다.

대한민국 헌법 제27조 제1항은 "모든 국민은 법관에 의한 재판을 받을 권리를 가진다."라고 규정하고 있습니다. 여기서 '법관'의 범위를 어떻게 해석할 것인지에 대한 논란이 있었습니다. 국민참여재판 제도가 도입될 당시, 직업 법관이 아닌 일반 시민인 배심원의 판단에 법관이 반드시 기속되도록 할 경우, 피고인의 '법관에 의한 재판을 받을 권리'를 침해할 소

---

37 국민 가운데에서 선출된 사람이 법관과 함께 합의체를 구성하는 제도. 독일에서 발달한 제도로, 배심원이 법관과는 별도로 판정을 하는 영미법계의 배심제와는 다르다.

지가 있다는 위헌 논란을 피하기 위하여 피고인이 국민참여재판을 원하지 아니하는 경우 국민참여재판을 할 수 없게 하고, 배심원의 평결 및 양형의견에 기속력을 부여하지 않았습니다.

또한 배심원은 법률 전문가가 아니기 때문에, 법률 지식이나 형사사건에 대한 경험이 부족할 수 있습니다. 만약 이들의 평결에 기속력을 부여하면, 법적 논리나 기존 대법원 판례에 비추어 부당하거나 형평에 어긋나는 판결이 나올 가능성이 있으며, 이는 형사법 집행의 평등과 법적 안정성[38]을 해칠 수 있습니다.

배심원 평결에 기속력을 부여하면, 항소심에서 사실심(유무죄 판단)을 다시 다루는 범위에 대한 복잡한 논란도 발생합니다. 권고적 효력은 법관의 판단에 대한 항소 가능성을 열어두어 피고인의 상소권을 폭넓게 보장하는 효과도 있습니다.

법적으로는 배심원 평결이 법원을 기속하지 않지만, 실제 재판에서는 법관이 배심원의 평결을 매우 존중하는 것이 일반적이며, 법률 위반, 논리 경험칙 위반 등 명백한 오류가 있

---

38 법에 따라 보호되거나 보장되는 사회생활의 질서와 안정.

는 경우에 한하여 최종적인 법률 판단을 통해 이를 시정할 수 있도록 한 것입니다. 재판장은 판결선고 시 피고인에게 배심원의 평결결과를 고지하여야 하고, 배심원의 평결결과와 다른 판결을 선고하는 때에는 피고인에게 그 이유를 설명하고 판결서에 그 이유를 기재하여야 합니다.

편 국민참여재판의 장점과 한계는 무엇인가요?

장 일반 시민이 재판 과정에 직접 참여하여 사법 정의 실현에 기여할 수 있고, 법관뿐만 아니라 다양한 배경을 가진 시민들의 시각이 반영되어 더욱 균형 잡힌 판단이 가능합니다. 일반 시민들에게 재판 과정을 더 쉽게 이해시키고, 법률에 관한 관심을 높일 수 있으며, 피고인의 인권 보호에 더욱 신경 쓸 수 있게 되고, 엄격한 증거조사 절차, 집중심리 등으로 피고인은 절차적 만족감을 느끼고 판결에 승복할 수 있습니다.

다만 법관이 배심원 평결에 기속되지 않는다는 점 때문에 국민참여재판의 의미가 퇴색된다는 비판도 있습니다. 법률 전문가가 아닌 일반 시민들이 복잡한 법률 쟁점이나 증거를 정확하게 이해하고 판단하는 데 어려움과 한계가 있을 수 있고, 일부 복잡하거나 전문적인 사건의 경우 짧은 공판기일 내에 일반 시민들에게 사안을 충분히 이해시키기 어렵다는 문

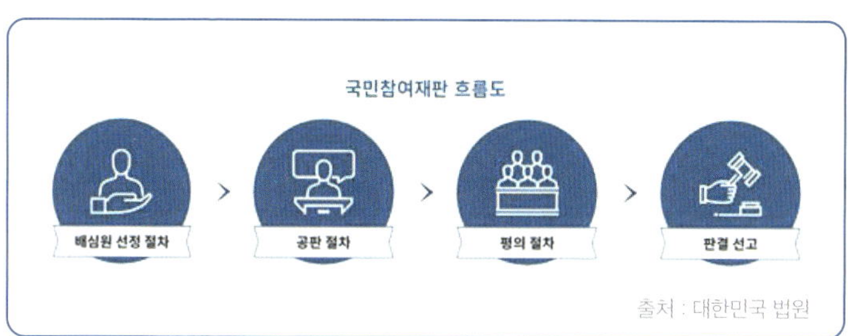

제도 있습니다. 피고인이 많고 공소사실이 다수여서 장기간의 증거조사와 심리가 필요한 사건은 배심원들이 사실상 공판기일에 계속 참석하기 어려워 국민참여재판을 하기 어렵기도 합니다. 배심원 후보자 통지, 배심원 및 예비배심원 선정, 교육, 공판심리 중 설명, 평의 과정 등으로 인해 국민참여재판을 위하여 필요한 시간이 길어지고 재판 비용이 대폭 증가하게 됩니다. 상대적으로 배심원의 평결이 여론이나 감정에 치우칠 수 있고, 이를 이용하는 당사자가 있을 수 있다는 우려도 존재합니다.

대한민국 국민참여재판 제도는 아직 발전해 나가는 과정에 있으며, 지속적인 개선과 국민적 공감대 형성을 통해 더욱 발전시킬 필요가 있습니다.

외국인을 재판할 때 어떤 지원을 하나요?

편 국내에서 재판받는 외국인도 증가하고 있습니다. 언어 문제부터 법률 적용에 이르기까지 여러 가지 문제가 있을 것 같아요. 외국인이 재판받을 때 법원에서 지원하는 것이 있나요?

장 우리나라 법정에서는 원칙적으로 국어(한국어)를 사용합니다. 이는 재판권이 국가의 주권적 행위이기 때문이며, 법률상 모든 재판절차는 한국어로 진행되도록 규정되어 있습니다. 다만 한국어를 이해하지 못하는 외국인이 재판에 참여할 수 있도록 여러 제도가 마련되어 있습니다.

형사사건의 피고인이 외국인인 경우, 법률상 반드시 통역인을 지정해야 하며 그 비용은 국가가 부담합니다. 통역인은 재판 시작 시 "사실대로 통역하겠다."라는 선서를 하고 참여합니다. 필요하다고 판단되면 문서 번역도 함께 제공됩니다. 그러나 현실적인 어려움도 꽤 있습니다. 법률 용어가 정확히 전달되지 않는 경우가 있어 이를 보완하기 위해 법률 용어 번역 자료집을 제공하기도 하고, 특정 언어 통역인이 없을 때는 2중·3중 통역(예: 소말리아어→영어→한국어)이 필요해 시간이 오래 걸리며, 오류 가능성도 커집니다. 또한 외국인 피고인이 실형을 선고받으면 형을 마친 뒤 강제출국되는 경우가 많으며, 집행유예나 비교적 가벼운 형을 받더라도 출국 조치가 내려집니다. 강제출국을 피하려고 재판을 지연하거나 출석을 회피하는 사례도 있습니다.

 민사재판은 어떻게 다른가요?

 민사사건에서는 당사자가 스스로 통역인을 섭외하여 '진술보조인' 자격으로 재판에 참여하게 할 수 있습니다. 문서를 제출할 때는 원문(외국어)과 번역문(한국어) 두 가지를 함께 제출하는 것이 원칙입니다.

 국내 거주 외국인이 증가해 재판 건수도 늘었을 것 같아요.

 한국에서 결혼·노동·거주하는 외국인이 크게 늘면서, 외국인이 당사자인 사건도 자연스럽게 증가하고 있습니다. 이에 따라 형사 분야에는 외국인 전담 재판부, 민사 분야에는 국제거래 전담부, 일부 법원에는 영어로 재판을 진행할 수 있는 국제재판부 등을 운영하고 있습니다. 국제재판부에서는 영어로 소송자료를 제출하고 영어로 변론하는 것이 허용되며, 외국 기업이나 외국인 당사자에게 효율적인 재판을 제공합니

다. 불법체류자나 주거가 불분명한 외국인의 경우 필요 시 구
속되기도 하고, 외국인 보호소에 머물며 재판을 받는 경우도
있습니다.

출처 : 대한민국 법원

재판은 왜 3심까지만 할 수 있나요?

 판결로 완전하게 해소하기 어려운 분쟁도 있는데, 재판은 왜 3심까지만 할 수 있나요?

장 분쟁은 본질적으로 당사자들의 생각과 이해관계가 다르기 때문에 판결 한 번으로 완전히 해소되기 어려운 측면이 있습니다. 그럼에도 법원이 판단을 내려야 하는 이유는 판결이 가지는 중요한 기능 때문입니다. 모든 재판이 3심제인 것은 아닙니다. 특허재판은 2심제이고, 일부 선거재판(국회의원, 지자체장 등 대규모 당선무효 소송 등)은 대법원에서 단심제로 운영됩니다. 헌법재판소의 결정도 단심제로 볼 수 있습니다.

판결이 확정되면 더 이상 같은 사안을 반복해서 다툴 수 없는데, 이를 '불가쟁력'이라고 합니다. 불가쟁력은 판결이 100% 완벽하기 때문이 아니라, 어느 시점에서는 분쟁에 마침표를 찍어야 개인과 사회 모두가 불필요한 경제적·시간적·감정적 소모를 피할 수 있기 때문입니다.

만약 판결에 의한 분쟁의 마침표가 없다면 어떤 사람들은 평생 같은 소송을 반복하거나 재심을 제기하며 시간을 낭비하게 됩니다. 실제로 과거 조선시대에는 원님이 바뀔 때마다 같은 사안으로 재판을 요청해 부모·자식·손자 대대로 재판을 이어가는 사례도 있었습니다. 이런 방식은 사회적으로도 개인적으로도 매우 비효율적이라는 것을 역사적 경험을 통해 알게 된 것입니다.

편 하지만 원하는 결과를 얻지 못해서 불만이 있거나, 재판의 결과가 잘못되었다고 의심이 되는 경우도 있지 않나요?

장 한 번에 완벽하게 실체적 진실에 부합한 결론을 내릴 수 있었다면 심급제가 필요 없었겠죠. 그런 뜻에서 같은 사안을 한 번 이상 다툴 수 있도록 제도화한 것입니다. 1심의 결론이 잘못되었다면 항소심에서 재판을 한 번 더 하고, 항소심에서도 법률적인 문제가 해소되지 않았다면 상고심에서 판단을 하는 겁니다. 3심까지 진행했음에도 당사자가 재판의 결과에 승복하지 못하는 사건도 있습니다. 그렇지만 적어도 두세 번 재판을 통해 다투어 판결이 확정되었다면 더 이상 소모적인 재판을 멈추게 하려는 겁니다. 충분한 기회를 주되, 적절한 지점에서 분쟁을 끝내는 것이 재판 제도의 취지이며, 이 점을 이해하면 왜 확정 판결에 불가쟁력을 부여하는지 알 수 있습니다.

형벌의 종류는 어떤 것이 있나요?

편 형벌의 종류는 어떤 것이 있나요?

장 형법 제41조에 규정하고 있는 형벌의 종류는 사형, 징역, 금고, 자격상실, 자격정지, 벌금, 구류, 과료, 몰수로 총 9가지입니다. 이 형벌은 크게 생명형, 자유형, 재산형, 명예형으로 분류됩니다.

가장 무거운 형벌인 사형은 생명형입니다. 우리나라는 1997년 이후 사형이 집행되지 않아서 실질적 사형폐지국가로 분류되고 있습니다. 그렇지만 사형 판결이 사라진 것은 아닙니다.

자유형은 범죄를 저지른 사람을 교도소에 수감해 자유를 박탈하는 형벌로 징역과 금고, 구류가 이에 해당합니다. 징역은 교도소에서 노역을 해야 하는 형벌이고, 금고는 강제노역을 부과하지 않는 형벌로 주로 정치범이나 과실범 등에게 부과되는 형벌입니다. 징역과 금고는 모두 기간이 정해져 있는 '유기형'과 기간을 정하지 않고 평생 동안 교도소 안에 가두는 형벌인 '무기형'이 있습니다. 유기금고나 유기징역의 경우에는 최소 1년부터 최대 30년(여러 개의 죄에 대해서 형을 정할 때는 최대 50년)까지 부과될 수 있습니다. 구류는 1일 이상 30일 미

만 동안 교도소나 유치장에 가두어 두는 형벌로, 주로 경범
죄처벌법위반죄, 단순 폭행죄 등에 대하여 부과되는 형벌입
니다.

명예형은 자격상실과 자격정지가 있습니다. 자격상실은 사
형, 무기징역 또는 무기금고의 형을 받게 되면 일정한 자격이
상실됩니다. 공무원이 되는 자격, 선거권과 피선거권, 법률에
정한 일정한 업무를 수행할 수 있는 자격, 법인의 이사, 감사
등이 되는 자격을 잃는 것입니다.

재산형은 벌금, 과료, 몰수입니다. 벌금은 최소가 5만 원이
고 최대 금액은 정해져 있지 않습니다. 벌금을 선고받은 사
람이 이를 납부하지 않으면 노역장에 가두고 노역을 부과할
수 있습니다. 노역장은 주로 교도소에 있어 교도소에 수용
된 상태에서 노역을 하게 됩니다. 과료는 2,000원 이상 5만
원 미만의 재산형입니다. 과료와 과태료를 혼동하는 사람들
이 있는데요. 과료는 형벌이고 과태료는 행정벌[39]이기 때문에
엄연히 다른 것입니다. 몰수는 범죄가 다시 일어나는 것을 막
고 범죄로 인한 이익취득을 금지할 목적으로 국가가 범죄와

---

39 행정법에 따른 의무 위반에 대한 제재로서 가하는 처벌.

관련된 재산을 빼앗는 것입니다. 그리고 형법 제41조에 정해진 형벌은 아니지만 형벌로서의 성격을 지닌 추징도 있습니다. 추징은 몰수할 물건을 몰수할 수 없을 때 물건을 몰수하는 대신 그 가액을 돈으로 지급하도록 하는 것입니다.

L A W Y E R

판사의
세계

판사가 하는 일은 무엇인가요?

 판사를 법관이라고도 하는데요, 뭐가 다른가요?

 대한민국에서 법관(法官)이란 헌법과 법률에 의하여 국가의 사법권을 행사하며 재판을 담당하는 공무원을 말합니다. 법관은 오로지 헌법과 법률에 의하여 그 양심에 따라 독립하여 심판하는 역할을 합니다. 헌법 제101조 제3항은 '법관의 자격은 법률로 정한다.'라고 규정하고 있습니다. 이에 따라 법원조직법은 법관을 대법원장, 대법관, 판사로 구분합니다.

일반적으로 '판사'라고 하면 법관 전체를 지칭하는 경우도 많지만, 엄밀하게는 법관이 대법원장, 대법관, 판사를 모두 포괄하는 상위 개념입니다.

 판사는 주로 어떤 일을 하나요?

 판사의 주된 업무는 재판이지만, 재판의 진행 과정과 법원 내 직위에 따라 구체적인 업무는 매우 광범위하고 다양합니다.

판사의 가장 중요한 일은 법원에서 재판을 진행하고 사건을 심리한 후 법을 적용해 판결을 내리는 것입니다. 업무는 대체로 일주일 단위로 계획되며, 재판 준비부터 판결 선고까

2011년 재판 모습

지 여러 과정이 체계적으로 이루어집니다.

 평소에 하시는 일을 말씀해 주세요.

 재판이 없는 날에는 판사실에서 새로 들어온 사건이나 계속 진행 중인 사건의 기록을 꼼꼼히 읽고, 증거와 서류를 검토해요. 필요하면 관련 자료나 판례를 찾아보며 법리를 연구해 사건을 어떻게 판단할지 준비합니다.

공정의 저울과 정의의 칼로 국민을 수호하는
판사

재판이 있는 날은 법정에서 당사자들의 주장을 듣고 증거를 조사합니다. 판사는 사건을 더 명확히 하기 위해 사실관계 또는 법률에 관계된 사항에 대해 질문할 수 있고, 당사자가 간과한 것이 없는지 확인하고 법률적으로 중요한 부분에 대해 의견을 밝힐 기회를 주기도 합니다.

재판을 통해 드러난 사실관계를 확정한 뒤, 관련 법령과 판례를 바탕으로 어떤 법을 어떻게 적용할지 판단합니다. 경우에 따라 기존 법의 흠결[1]을 보충하거나 새로운 법적 해석(법리)을 형성하기도 해요.

판결만이 해결책이 아닐 때도 있습니다. 판사는 당사자들이 서로 양보하고 타협해 스스로 해결할 수 있도록 조정이나 화해를 제안하기도 합니다. 이런 방식은 갈등을 더 빠르고 원만하게 해결하는 데 도움이 됩니다.

재판절차가 모두 끝나면 증거에 의해 확정된 사실관계에 관련 법령과 판례를 적용하여 최종적으로 유죄·무죄, 또는 분쟁 해결을 위한 법적 판단을 내리고, 그 이유를 기재한 판결문(결정문, 명령문 등)을 작성합니다.

---

1 법에 모자람이 있음을 이르는 말.

　재판 중에 제출되는 증거 신청, 절차상의 이의 신청 등을 검토해 결정을 내리고, 재판 외적으로 제출된 가압류, 가처분, 과태료, 공탁, 등기, 집행 등과 관련된 신청 사건의 서류를 검토하고 결재 및 판단을 내립니다.

재판 업무 외에 다른 업무도 하나요?

 법관은 재판 업무 외에 다른 업무도 하나요?

 대법원장, 법원행정처장은 사법행정 업무를 총괄하고, 법원장 등은 소속 법원의 예산, 인사, 시설, 회계 등 사법행정사무를 관장하고, 소속 공무원을 지휘·감독합니다. 일반 판사도 판사회의 등을 통해 법원의 조직 운영에 직·간접적으로 사법행정사무에 관여합니다.

판사는 법원행정처, 사법정책연구원에서 사법행정 업무, 재판사무 등 법원의 각종 사무 지원 업무, 법원의 조직, 인사, 재판절차 등 사법 시스템 전반에 걸친 제도 개선 및 연구 업무 등을 담당합니다. 또, 대법원에서 재판연구관으로서 대법원의 사건 심리 및 재판에 관한 조사, 연구, 보고 업무를 담당하며 대법관의 재판 업무 등을 보조합니다.

후속세대를 위한 교육 업무도 있습니다. 판사는 사법연수원 교수로 근무하면서 신임 법관 및 경력 법관, 사법보좌관 및 재판연구원 등 연수 업무, 법학전문대학원 출강 업무, 국제사법협력 사업, 사법제도 연구, 신임 법관 및 재판연구원 선발 업무, 관련 서적 및 교재 출간 업무 등을 담당합니다.

판사는 기관 간의 협력이나 전문적인 지식 활용 등을 목

2011년 국제화연수

적으로 다른 국가기관이나 해외 기관에 파견되어 근무하기도 합니다. 헌법재판소의 헌법연구관으로 파견되어 헌법재판관의 재판 연구 및 심리 보조 업무를 수행하고, 국회 전문위원 또는 자문관으로 파견되어 법안 심사, 법률 자문 등 업무를 수행하기도 합니다. 헤이그 국제사법회의HCCH나 국제형사재판소ICC 등과 같은 국제 사법기관이나 국제사법통일연구소UNIDROIT 등과 같은 유엔 관련 기구, 경제협력개발기구OECD 등에 파견되어 관련 국제 협력 및 법률 자문, 연구 활동을 하기도 합니다.

재판할 때 무엇을 중요하게 생각하나요?

편 재판할 때 무엇을 중요하게 생각하시나요?

장 판사가 재판을 하고 판결을 내릴 때 가장 중요하게 생각하는 것은 헌법과 법률에 의한 양심에 따른 판단을 통해 정의와 구체적 타당성[2]을 실현하는 것입니다. 판결은 단순한 법조항의 적용을 넘어, 사건 당사자들의 삶에 직접적인 영향을 미치기 때문에, 판사는 여러 요소를 종합적으로 고려합니다.

판결의 첫 단추이자 가장 중요한 단계는 사건의 실체를 정확하게 파악하는 것입니다. 판사는 제출된 모든 소송 기록(소장, 답변서, 준비서면, 증거 서류 등)을 꼼꼼히 읽고, 당사자가 제출한 증거를 바탕으로 증거들의 신빙성, 관계를 신중히 비교, 검토, 판단하여 사실관계를 인정합니다. 대부분의 사건은 법리 판단이 아닌 사실인정에 의하여 결론이 좌우됩니다. 당사자가 자신에게 유리한 사실을 제대로 주장하지 못하거나, 주장하는 사실을 증명할 수 있는 증거를 제출하지 못하면 아무리 억울함을 호소해도 그 당사자에게 유리한 판결을 하기 어렵

---

2 법의 해석과 적용에 따라 구체적 사건이 합당하게 해결될 수 있는 상태.

습니다.

특히 형사사건에서는 법관의 면전에서 직접 조사한 증거만을 재판의 기초로 삼는 공판중심주의 및 직접심리주의의 정신에 따라, 법정에서 제출된 증거에 기초하여 심리하고 유·무죄의 심증을 형성하는 것을 중요하게 생각합니다.

민사재판의 경우 증명 책임[3]에 입각하여 증명 책임을 부담하는 당사자의 주장이 증거에 의하여 증명되었는지를 중요하게 살피고, 형사재판의 경우 공소사실에 대한 증명 책임이 검사에게 있으므로 피고인의 유죄를 인정하기 위해서는 검사가 제출한 증거에 의하여 공소사실이 합리적인 의심을 할 여지가 없을 정도로 증명되었는지 여부를 중요하게 살핍니다.

단순히 증거와 서류상 드러난 사실 외에 사건의 실체와 이면을 파악하고, 당사자들이 실질적으로 주장하고 원하는 것이 무엇인지 숙고할 필요가 있습니다.

사실관계가 확정되면 이를 법률적으로 평가하고 최종적인 결론을 도출합니다. 확정된 사실에 적용할 법률 조항과 기존

---

3   재판이나 소송 과정에서 자신의 주장이 사실임을 증명해야 할 책임.

의 판례를 정확하게 이해하고 이를 적확하게[4] 적용하여야 합니다. 이때, 판례가 없는 쟁점이거나 사건의 특수성으로 인해 기존 판례를 그대로 적용하기 어려운 경우도 적지 않습니다. 이런 경우 판사는 기존 법리를 보완하거나 새로운 법리를 연구하여 법률의 미흡함을 보완하려고 노력합니다.

　법리적으로는 한쪽의 주장이 맞더라도, 실질적으로 다른 쪽이 억울하거나 법의 테두리 내에서 구제가 어려운 때도 있습니다. 판사들은 법리적인 결론뿐만 아니라 정의와 함께 개별 사건의 구체적 타당성을 갖는지와 법적 안정성을 침해하는 것은 아닌지 함께 고민합니다. 민사사건에서는 판결이 진정으로 종국적인 분쟁을 해결하거나 화해를 이끌어 내지 못하는 경우도 있어, 조정을 통해 당사자에게 새로운 관점과 조정안을 제시하여 당사자 간 화해를 유도하는 것도 필요합니다.

---

[4]　정확하게 맞아 조금도 틀리지 아니하게.

판결문에는 어떤 내용이 담겨야 하나요?

편 판결문에는 어떤 내용이 담겨야 하고, 작성할 때 중요하게 고려하는 사항은 무엇인가요?

장 판결문은 사건의 최종적인 결론과 그 근거를 담는 공적인 문서이므로, 무엇보다 내용이 정확하고 논리적이며 설득력이 있어야 합니다. 증거(서류, 증언, 감정 등)에 따라 엄격하게 판단하여 사실관계를 확정하고, 확정된 사실관계에 적용할 법률 규정과 판례를 정확하게 해석하고 적용하여, 법적 안정성을 해치지 않는 범위 내에서 구체적 타당성을 찾는 방향으로 결론을 도출해야 합니다. 판결의 공정성을 담보하고 상소심(항소심, 상고심)이 판결의 당부[5]를 심사할 기초를 마련하기 위해, 유죄 또는 패소 등의 최종 결론(주문)에 이르게 된 이유를 명확하게 보여주어야 합니다.

판결문은 당사자뿐만 아니라 국민에게 공개되어 설득력을 가져야 하므로, 글의 형식과 문체도 매우 중요하게 고려되고 판결서의 가독성이 더욱 중요해지고 있습니다.

---

5 옳고 그름.

　판결문이 논리적인 오류 없이 최종적인 결론에 이르렀는지 여러 차례 검토하고 수정하며 완결성[6]을 갖추려 노력합니다. 위와 같은 과정을 거쳐 이른 결론이 구체적 타당성을 가지는지, 판결의 공정한지 다시 한번 검토합니다.

6　완전히 끝을 맺은 상태나 특성.

편 형사재판에서 양형을 결정할 때 고려하는 것은 무엇인가요?

장 판사가 형사재판에서 피고인에게 유죄가 인정될 때 피고인에게 부과할 형량을 결정하는 것을 '양형(量刑)'이라고 합니다. 형사재판을 할 때 유무죄를 판단하는 것 못지않게 적정한 형을 정하는 것은 매우 중요합니다. 형사소송에서 대다수 사건은 피고인이 유죄를 인정하는 사건으로 피고인이나 검사, 피해자 등은 양형에 더욱 관심을 가집니다. 유무죄를 다투는 사건이라도 유죄가 인정되는 경우 피고인의 행위와 책임에 부합하는 적정한 형을 정하여야 합니다.

판사가 양형을 결정할 때 법률에 규정된 법정형과 각종 법률상 가중 및 감경 사유 등을 적용한 처단형[7]의 범위에서, 형법이 규정하고 있는 양형의 조건(범인의 나이, 성행, 지능과 환경, 피해자에 대한 관계, 범행의 동기, 수단과 결과, 범행 후의 정황 등), 대법원 산하 양형위원회가 범죄 유형별로 설정한 권고 형량 범위인

---

7 법정형에 법률 및 재판상의 가중, 감경이 가해져서 구체적으로 처단의 범위가 정해진 형.

양형기준, 유사 사건의 양형 사례 등을 고려합니다.

양형위원회의 양형기준은 원칙적으로 구속력이 있는 것은 아닙니다. 하지만 판사가 양형기준을 벗어나는 판결을 할 때는 반드시 그 이유를 판결문에 기재하여야 하므로, 합리적인 사유 없이 양형기준을 벗어나는 판결을 하기 어렵습니다.

양형기준 내에서도 개별 사건의 특성을 고려하여 형량을 가중하거나 감경할 수 있는 양형인자가 있습니다. 피고인의 나이, 성행, 지능과 환경, 피고인의 반성 및 피해 회복을 위한 노력 등과 같은 '피고인 관련 요소'와 범행의 동기, 수단과 결과, 계획성 여부, 범행 후의 정황 등 '범행 관련 요소', 범죄 전력, 피해자와의 관계 등 다양한 양형인자를 종합적으로 검토하여, 개별 사건의 특성에 가장 부합하고 공정한 형을 선고하기 위해 노력합니다.

재판 중 법률이 개정되었다면 어떻게 하나요?

편 새로운 법이 제정되거나 개정되면 재판에 영향이 미칠 텐데, 어떻게 하나요?

장 새로운 법률을 만들거나 기존 법률을 개정할 때 경과규정도 함께 만듭니다. 이 법을 언제부터 적용할 것인지(시행일), 과거의 행위에도 새 법을 적용할 것인지(소급[8] 적용 여부), 진행 중인 사건·소송에 어떤 법을 적용할 것인지(전환 규정) 하는 것들을 규정한 부칙이 있습니다. 경과규정이 명확하면 그 규정대로 처리하면 되지만, 모든 법률이 구체적 경과규정을 두는 것은 아닙니다. 이 경우 각 분야의 일반 원칙을 적용해 판단합니다.

편 경과규정에 따른다는 말씀인데요. 형사사건이라면 어떤 일반 원칙이 작용하나요?

장 형벌 법규는 범죄가 발생한 시점의 법률, 즉 행위시법(행위 당시 법)을 기준으로 적용하는 것이 원칙입니다. 범죄와 형

8　과거에까지 거슬러 올라가서 미치게 함.

벌은 반드시 법률로 규정되어 있어야 하고, 범죄 여부와 형벌의 수준도 모두 범죄 당시의 법률에 따라 판단해야 합니다. 이는 형사법의 핵심 원칙인 죄형법정주의(罪刑法定主義)에서 비롯됩니다. 따라서 범죄 당시에는 처벌 규정이 없었는데, 이후 입법을 통해 범죄로 새롭게 규정되었다고 하더라도 과거의 행위에 새로운 법을 소급하여 적용해 처벌할 수 없습니다. 또한 범죄 후 법이 개정되어 형벌이 더 무거워지더라도 행위시의 법보다 가중된 법정형을 적용하여 형을 부과할 수는 없습니다.

반면, 범죄 후 법이 개정되어 피고인에게 더 유리한 내용으로 바뀐 경우에는 예외가 인정됩니다. 인권 보호 측면에서 형벌을 가볍게 하는 규정이라면, 죄형법정주의를 엄격히 적용할 필요가 없기 때문에 피고인에게 유리한 신법은 소급 적용할 수 있습니다. 또한 범죄 이후 여러 차례의 법률 개정이 이루어져 형벌의 경중이 달라진 경우에는, 그중에서 가장 가벼운 형을 규정한 법률을 적용합니다.

편 민사사건은 어떤 영향을 받나요?

장 경과규정이 명확하면 그 규정을 최우선으로 하고, 경과규정이 없다면 어떤 법을 적용하는 것이 타당한지 재판부가

판단합니다. 대체로 행위시법을 기준으로 하되, 권리·의무의
성질, 사회적 타당성, 법적 안정성 등을 고려하여 판단합니다.
민사는 형사와 달리 피고인에게 유리한 신법 우선 같은 절대
적 원칙이 있는 것은 아니므로 사안에 따라 합리적 판단이
필요합니다.

전담 재판부는 어떻게 맡게 되나요?

편 전담 재판부는 어떻게 맡게 되나요?

장 기본적으로는 법원에서 사무 분담을 통해 적절한 판사에게 각 분야를 배정합니다. 특정 전담 재판부에 배치되면 같은 종류의 사건을 보통 2~3년 동안 지속적으로 맡게 됩니다. 예를 들어 저는 의학적 자격이나 임상 경험이 전혀 없지만, 의료 전담 재판부를 여러 차례 맡았습니다. 국제거래 전담 재판부에서도 근무했었고요.

편 한 분야를 여러 차례 맡으면 자연스럽게 전문 분야가 생기겠어요.

장 한 분야를 계속 담당하면 사건 유형에 대한 경험과 노하우가 축적되어 자연스럽게 전문 분야가 생기기도 합니다. 하지만 전문 자격이 꼭 있어야만 전담 재판부에 갈 수 있는 건 아닙니다.

편 전담 분야는 판사가 직접 선택할 수 있나요?

장 네. 전문성을 쌓고 싶은 분야가 있으면 이를 신청할 수 있습니다. 예를 들어 대학 전공이 지식재산권 분야라거나, 해당 분야의 학위를 가졌다거나, 앞으로 해당 분야에서 전문성을 쌓고 싶다면 본인이 신청할 수 있어요. 하지만 신청한다고 무조건 그 전담 재판부에 배치되는 것은 아닙니다. 법원은 전체 인력 구성과 사건의 특성을 고려해 가장 적합한 판사에게 업무를 배분합니다.

편 법원 간 인사이동을 통해 전문 법원으로 가는 것도 가능한가요?

장 네, 가능합니다. 인사이동 시기에 특정 전담 법원이나 전문 재판부로 가고 싶다는 의사를 제출하면, 적절하다고 판단될 경우 배치되기도 합니다.

판사는 왜 현장 검증을 나가나요?

편 판사님, 판결을 위해 현장 검증을 나가는 경우가 있다고 들었어요. 실제로 자주 나가시나요?

장 판사가 다툼 있는 사실에 관계되는 현장 등을 자신의 감각으로 직접 증거조사하여 그 결과를 증거로 하는 것을 현장 검증이라고 합니다. 요즘은 예전만큼 빈번하진 않지만 그래도 필요하면 현장 검증을 나갑니다. 대략 두세 달에 한 번 정도는 현장 검증을 하고 있어요. 사진이나 영상으로는 확인할 수 없는 부분들이 있어서 직접 보거나 만져봐야 정확하게 판단할 수 있는 경우가 있거든요.

편 어떤 사건들이 현장 검증을 필요로 하나요?

장 대표적인 게 건설 공사 하자[9] 사건입니다. 공사계약과 달리 시공되지 않거나 잘못 시공된 부분이 있는지, 그게 어느 정도인지 직접 확인해야 하죠. 물론 판사가 건설 공사 전문가는 아니기 때문에 감정인(전문가)과 함께 현장을 확인하는

---

9 어떤 사물이나 일에서 잘못되거나 불완전한 부분.

경우가 많습니다. 현장에서 감정인에게 어떤 부분에 관하여 감정해야 할지 범위를 특정해 주고 하자가 있는지를 확인하게 해야 합니다. 원고가 하자라고 주장하는데 그게 맞는지 확인하고, 하자가 맞다면 보수 또는 재시공 비용이 얼마나 드는지 산정을 요구해요. 그리고 하자에 해당하지 않는 부분은 감정 대상에서 제외하도록 합니다.

상대방이 어떤 건물을 무단[10]으로 점유[11]하고 있다는 사건도 현장 검증을 나가 실제로 무단으로 점유하고 있는지 확인합니다. 건물 전체가 아니라 일부만 점유한다고 주장하는 경우에는 어느 공간을 점유하는지 경계도 확인해요. 필요하다면 감정인을 대동해 정확한 면적을 측량하도록 합니다.

편 다툼의 원인이 현장에 있으면 직접 나가 검증을 하시는군요.

장 네. 누수 원인을 두고 다툼이 있는 사건도 현장 검증이 필요한데요. 현장에서 감정인에게 누수가 실제 발생하는지,

---

10 사전에 허락이 없음 또는 아무 사유가 없음.

11 일정한 지역이나 대상을 차지함.

그 원인이 어디인지 확인하도록 합니다. 누수 원인이 특정되면 보수 비용도 산정해요. 이렇게 눈으로 직접 보고, 구체적으로 특정해야 나중에 법정에서 '감정이 잘못되었다'고 주장하며 다투는 일이 생기지 않습니다.

예전에는 토지 면적이나 경계를 확인하러도 많이 나갔습니다. 하지만 요즘은 인터넷 지도가 잘 되어 있어서 지도만 보고도 사실이 확인되는 경우가 많아요. 제출한 사진이나 영상으로도 확인이 되고요. 전보다는 검증이 줄었지만, 여전히 현장에서 확인해야 할 사안이 꽤 있습니다.

임대차 사건에서 임차인이 임대주택에서 실제 거주하지 않으면서 임대주택 및 복도, 주차장 등에 고물과 쓰레기들을 쌓아둔다는 이유로 분쟁이 발생한 사건이 있었습니다. 당사자 쌍방이 상반된 사진들을 제출하며 사실관계를 달리 주장하며 다투어 재판부에서 직권으로 검증을 갔습니다. 직접 현장을 확인하니 임대주택과 주변에 각종 쓰레기가 쌓여 있을 뿐만 아니라 임대주택 현관문을 열자마자 오래된 쓰레기에서 나는 코를 찌르는 악취로 이웃에 큰 피해를 주고 있는 것을 직접 확인할 수 있었습니다. 이렇게 판사가 직접 현장을 확인하면 당사자가 법정에서 사실과 다른 주장을 하지 못하게 되고 판결에 대한 승복률도 높아집니다.

 지금까지는 민사사건의 예인데요. 현장 검증이 필요한 형사사건도 있나요?

 많이 있지요. 교통사고 사건은 직접 가서 중앙선 침범 여부, 스키드 마크[12] 위치, 도로 구조, 신호 체계 등을 확인하면 사고 경로가 훨씬 명확해집니다. 직접 나가서 확인하면 사진이나 영상으로 보는 것보다 더 생생하고 도로 구조상 어느 쪽이 중앙선을 넘을 가능성이 큰 도로 구조라는 것도 금방 확인할 수 있으니까요.

강제추행 사건을 심리하면서 범행 장소로 지목된 승합차에서 운전석에 있는 피고인이 조수석에 있는 피해자를 강제추행하는 것이 가능한지 직접 시연해 본 사안, 상해치사 사건을 심리하면서 피고인의 상해행위로 피해자가 넘어진 인도와 차도의 구조, 높이 차이, 바닥 재질 등을 직접 확인하여 사망과 인과관계를 확인한 사안 등 다양한 사건에서 현장검증을 하였습니다.

 예전과 비교하면 현장 검증이 줄었다고는 해도 여전히

---

12 자동차가 급브레이크를 밟았을 때, 노면에 생기는 타이어의 미끄러진 흔적.

필요하네요.

장 요즘은 사진, 영상, 드론 촬영, 온라인 지도 등 기술 자료들이 워낙 좋습니다. 그래도 직접 확인하지 않고서는 판단할 수 없는 사안이 여전히 많기 때문에 검증은 계속 필요합니다. 이렇게 재판장이 직접 현장에 나가서 확인하는 이유는 결국 정확한 판단을 위해서입니다. 비교적 많은 시간이 소요되지만, 현장을 직접 확인하면 사실관계를 분명히 할 수 있고, 감정 범위를 정확하게 정해서 불필요한 분쟁을 줄일 수 있으며, 무엇보다 판결의 신뢰도를 높일 수 있습니다.

법관의 윤리강령은 무엇인가요?

편 법관이 지켜야 할 윤리강령은 무엇인가요?

장 대법원규칙으로 법관이 지켜야 할 윤리기준과 하지 말아야 할 것에 대하여 규정한 것이 법관윤리강령입니다. 그에 따르면 법관은 모든 외부의 영향으로부터 사법권의 독립을 지킬 의무(제1조)가 있고, 명예를 존중하고 품위를 유지(제2조)해야 합니다. 법관은 공평무사하고 청렴하여야 하며, 공정성과 청렴성을 의심받을 행동을 하지 아니하고, 혈연·지연·학연·성별·종교·경제적 능력 또는 사회적 지위 등을 이유로 편견을 가지거나 차별을 하지 않아야 합니다(제3조). 또한 직무를 성실히 수행할 의무(제4조)가 있으며, 재판과 관련된 사람을 법정 밖에서 개인적으로 만나거나 접촉하지 않아야 하고 진행 중인 사건에 대해 공개적으로 의견을 말하지 않아야 합니다(제5조). 공정성을 의심받을 수 있는 금전 거래나 선물, 각종 경제적 이익은 재판의 직무수행에 영향을 줄 가능성이 있다면 받아서는 안 됩니다(제6조). 법관은 정치적 중립성을 해치는 활동을 해서는 안되고, 직무를 수행할 때 정치적 중립을 지켜야 합니다(제7조).

편 공직자 중에서도 꽤 강도 높은 윤리강령 같은데요. 어떤가요?

장 법관에게 일반 공무원보다 더 높은 수준의 윤리의식을 요구하고, 이를 법관윤리강령으로 명문화한 이유는 사법부의 특수성과 직무의 엄중함 때문입니다. 사법부의 독립은 외부의 압력뿐만 아니라 법관 자신의 편견이나 사적인 관계로부터도 자유로울 때 완성될 수 있습니다. 사법부의 권위와 판결의 강제력은 국민의 신뢰로부터 나옵니다. 법관의 청렴성, 도덕성에 의구심이 생기면 국민은 사법 시스템 전체를 신뢰하지 못하게 됩니다. 엄격한 윤리강령은 법관이 국민의 신뢰를 유지하고 법치주의의 기틀을 확립하는 데 필수적인 요소라고 할 수 있습니다. 법관이 이러한 윤리기준을 위반할 경우, 정직·감봉·견책 등의 징계를 받을 수 있습니다. 재판을 오래 할수록 '재판의 근본은 혼자 있을 때도 몸과 마음을 바르게 하는 신독(愼獨)에 있다'는 말의 중요성을 절실히 느끼게 됩니다.

LAWYER

판사가 되려면

편 판사가 되려면 어떤 자질이 필요하고, 청소년 시기에 어떤 준비를 하면 좋을까요?

장 가장 기본이 되는 건 학업에 충실한 것입니다. 법조인이 되려면 대학과 법학전문대학원에서 학습할 공부량이 많습니다. 어려서부터 공부 습관을 길러 진학하는 게 좋겠습니다.

그다음으로 중요한 것은 논리적 사고력을 기르는 일이라고 생각합니다. 법조인의 일은 결국 '이유를 설명하고, 판단의 근거를 제시하는 일'이기 때문에 논리력은 매우 중요한 기반이 됩니다. 또 한 가지 꼭 필요한 자질이 성실함입니다. 재판 업무는 제한된 시간 안에 여러 사건을 처리해야 하는데, 그럼에도 각각의 사건을 정밀하게 분석해야 합니다. 성실하지 않으면 이 세밀한 작업을 지속할 수 없죠.

편 판사 업무에서 성실함과 세밀함이 어느 정도로 중요한가요?

장 판사는 큰 칼을 휘둘러 대강 결론을 내리는 사람이 아니라, '수술용 메스'를 들고 미세하게 절개하는 사람에 가깝습니다. 사건을 전체적으로 크게 보고 '이게 맞다'라고 단순히 판단하는 것이 아니라 사건 하나하나의 사실관계, 주장 하나하나의 타당성, 증거의 의미, 적용해야 할 법리, 이 모든 것을 아주 세밀하게 살펴야 합니다. 사안마다 개별적 특수성이 있고, 그때마다 적합한 법리를 찾아 정확히 적용해야 하므로 논리적 사고와 꼼꼼함, 그리고 성실함은 판사의 필수 능력이라고 할 수 있습니다.

법원 견학을 할 수 있나요?

편 학생들이 법원을 견학할 수 있나요?

장 물론입니다. 대법원을 비롯한 대부분의 고등법원, 지방법원은 초·중·고등학생의 견학 신청을 받습니다. 단, 학생들의 견학은 지도교사나 인솔자가 동반해야 하고, 지방법원은 관할지역 내에서만 견학할 수 있습니다. 견학 코스는 법원청사를 방문해 재판을 비롯한 다양한 사법 업무를 직접 보고 이해할 수 있도록 운영됩니다. 법이 일상생활 속에서 어떻게 작동하는지 체감함으로써 자연스럽게 준법정신을 기를 수 있고, 법치주의에 대한 인식을 높일 수 있어서 학생들의 견학 요청을 적극적으로 수용합니다. 그리고 일반인의 견학도 가능합니다.

편 견학을 하면 판사님도 만날 수 있나요?

장 법원마다 견학 코스가 조금씩 다르지만, 법정 방청과 판사와의 대화 시간은 대체로 공통 코스입니다. 방청하면서 의문이 들었던 것이나 판사의 업무에 대해 알고 싶으면 판사와의 대화 시간에 물어보면 됩니다. 꼭 견학이 아니더라도 관심 있는 재판이 있다면 법원에 가서 방청할 수 있습니다. 특별

2015년 판사와 대화

한 경우를 제외하고 원칙적으로 모든 재판은 공개되기 때문에 각 법정 입구에 게시된 '오늘의 재판 안내'를 참고해 재판을 방청할 수 있습니다. 개정 시간은 보통 오전에는 10시, 오후에는 2시입니다.

편 판사님도 견학 온 학생들을 만나보셨나요?

장 그럼요. 초등학생과 중학생들이 주로 견학을 오는데, 법원 내 판사들이 돌아가면서 학생들과 대화 시간을 갖습니다.

편 일선 학교에서 진행하는 진로체험학습에도 나가시나요?

장 네. 학교에서 신청하면 찾아가기도 합니다. 그럴 때는 법복을 입고 교실에 들어가는데요. 저를 보고 아이들이 '오~~' 하는 환호성으로 맞아주더군요. (웃음)

대학에서 어떤 전공을 선택하는 것이 유리할까요?

편 판사가 되려면 대학 졸업 후, 법학전문대학원에 진학해야 합니다. 대학에 진학할 때 어떤 전공을 선택하면 좋을까요?

장 기존의 사법시험 제도를 폐지하고 법학전문대학원 제도를 도입한 가장 큰 이유는 다양한 전공과 경험을 가진 사람들을 교육을 통해 법조인으로 양성하고자 한 것입니다. 이에 따라 현재 법학전문대학원에 입학하는 학생들은 대학교에서 법학을 전공한 학생보다 비법학을 전공한 학생이 압도적으로 많습니다. 경제, 경영, 무역, 언론, 자유전공 등 문과뿐만 아니라 공학, 의학, 수학 등 이공계, 경찰대, 사관학교를 졸업한 사람들까지 다양한 전공을 가진 사람들이 법학전문대학원에 들어오고 있습니다. 어떤 전공을 선택하는 것이 법학전문대학원에 입학하거나 법조인이 되는 것에 유리하다기보다는 앞으로 법조인으로서 어떤 일을 하고 싶은지 먼저 생각하고, 이를 준비한다는 생각으로 전공을 선택하는 것이 대학교에서 더 관심을 가지고 성실하게 공부하는 데 도움이 되고, 향후 법조인이 되었을 때 전문 분야를 살려 업무를 수행할 수 있으리라 생각합니다.

법학전문대학원에 입학하려면 어떤 준비가 필요할까요?

편 법학전문대학원에 입학하려면 어떤 준비가 필요할까요?

장 기본적으로 학사 학위 이상이 있어야 하고, 법학적성시험(LEET, 리트) 성적, 공인영어성적, 그리고 학부 성적이 주요 평가 요소가 됩니다.

먼저 LEET는 법학전문대학원 입학을 위해 반드시 치러야 하는 시험으로, 다양한 전공자가 법학전문대학원에서 법학을 공부하는 데 필요한 논리적 사고력·추리력·독해력 등을 평가합니다. 법학 지식을 묻는 시험이 아니라 사고력 기반 능력 평가라는 점이 특징이에요. 시험은 매년 한 번 실시되며 해당 연도 성적만 인정됩니다. LEET는 총 세 교시로 구성됩니다. 1교시 언어이해(70분/30문항): 글을 읽고 분석하는 능력 평가, 2교시 추리논증(125분/40문항): 논리적 사고력과 문제 해결력 평가, 3교시 논술(110분/2문항): 자료를 해석하고 자신의 의견을 구조화해 글로 표현하는 능력 평가입니다. 기출문제는 온라인에서 쉽게 확인할 수 있으며(https://leet.uwayappiy.com), 미리 여러 번 풀어보면 준비에 큰 도움이 됩니다.

공인영어성적은 TOEIC, TOEFL, TEPS 중 하나를 제출하면 되지만, 일부 법학전문대학원은 TOEIC을 인정하지 않으므로 지원 전 모집 요강을 꼭 확인해야 합니다. 영어 점수가 높으면 유리하지만, 많은 법학전문대학원이 일정 기준 이상이면 구간별 환산 방식이나 기본 점수 반영 방식을 사용합니다.

또 하나 중요한 요소가 대학 학점입니다. 학점은 지원자의 성실성, 꾸준한 학습 태도, 기본적인 학업 역량을 보여주는 지표이기 때문에 법학전문대학원은 전체 평가에서 약 25~40% 수준으로 반영하고 있습니다.

마지막으로 면접도 매우 중요한 평가 과정입니다. 각 법학전문대학원은 지원자의 의사소통 능력, 사고력, 가치관 등을 종합적으로 보기 위해 심층 면접을 진행합니다. 면접 유형과 난이도는 학교마다 다르며, 최근에는 '인공지능의 책임 소재는 누구에게 있는가, 인간의 존엄성의 의미는 무엇인가'와 같이 짧은 시간 안에 답변하기 까다로운 질문도 등장한다고 합니다. 따라서 사회·법·기술·철학 등 다양한 주제에 대하여 폭넓게 관심을 가지며 준비하는 태도가 필요합니다.

판사가 되기 위해 필요한 자격은 무엇인가요?

편 판사가 되기 위해 필요한 자격은 무엇인가요?

장 변호사 자격이 필요합니다. 법학전문대학원 졸업자 또는 졸업 예정자는 매년 1월경 5일 동안 실시하는 변호사시험을 볼 수 있고, 시험에 합격하면 변호사 자격을 취득합니다. 변호사시험은 변호사에게 요구되는 직업윤리, 법률 지식, 그리고 법률사무를 수행할 수 있는 실무 능력을 종합적으로 평가하는 시험으로 선택형·논술형 필기시험과 별도의 법조윤리시험으로 구성됩니다. 시험의 공통과목은 공법(헌법·행정법 분야의 과목), 민사법(민법·상법·민사소송법 분야의 과목), 형사법(형법·형사소송법 분야의 과목)입니다. 국제법, 국제거래법, 노동법, 조세법, 지적재산권법, 경제법, 환경법 중 한 과목을 선택해 전문분야 시험을 봅니다. 이 시험은 선택형(객관식)과 논술형(서술식)으로 이루어지며, 논술형에는 실제 사건을 해결하는 실무 능력을 평가하는 문제가 포함됩니다. 총점으로 합격 여부가 결정되며, 과목별로 40% 이상의 점수를 받아야 최종 합격할 수 있습니다. 2024년 기준 변호사시험 전체 합격률은 약 53%이며, 법학전문대학원 졸업자는 5회 이내에서만 응시가 가능합니다.

편 왜 변호사 자격이 필요한가요?

장 변호사 자격은 법률 관련 업무를 할 수 있는 자격으로 법조인의 출발점입니다. 변호사는 인권을 옹호하고 사회 정의를 실현하는 공익적 역할을 수행하므로 도덕성과 청렴성이 요구됩니다. 특히 변호사는 법률 지식이 부족한 당사자를 대신해 소송을 수행하거나 법률 사무를 수행하므로 일정 수준 이상의 전문 지식과 실무 역량을 갖춘 사람에게 변호사 자격을 부여합니다.

제가 사법연수원에서 근무하며 법학전문대학원 겸임교수로서 마지막 강의를 할 때 학생들에게 "지금까지는 여러분들이 학업을 게을리하고 실력이 부족하면 자신이 그 불이익을 감수하지만, 법조인이 되어서 실력이 부족하면 그 불이익은 의뢰인이 입게 됩니다."라고 말하며 법조인이 된 후에도 꾸준히 공부하고 실력을 키워야 한다고 당부하였습니다. 형사사건에서는 피고인의 신체의 자유가, 민사사건에서는 당사자의 재산권이 걸려 있는 것과 같이 변호사가 수임하는 법률 사무는 한 사람의 인생에 큰 영향을 미치는 경우가 많습니다. 기본적인 전문 지식과 실무 능력을 갖추지 못한 사람이 변호사가 된다면 결국 이로 인한 피해는 의뢰인, 즉 국민이 입게 됩니다.

어떤 과정으로 판사에 임용되나요?

편 판사가 되려면 법조경력을 먼저 쌓아야 한다던데, 어떤가요?

장 법조일원화에 따라 변호사 자격을 취득한 뒤 법조 실무 경험을 5년 이상 쌓아야만 판사로 임용될 수 있습니다. 경력을 쌓는 방법은 변호사로서 법무법인이나 법률사무소, 회사, 국가, 공공기관 등에서 경력을 쌓거나, 검사나 법무관, 공익법무관, 수사관 등으로 일하거나, 재판연구원이나 재판연구관으로 경력을 쌓는 방법 등이 있습니다. 재판연구원은 각급 법원에서 판사의 업무를 보조하는 계약직 공무원으로 3년까지 법원에서 근무할 수 있고, 의견서(판결문 초안) 작성, 사실관계나 법리에 관한 검토보고서 작성, 재판 참관 등의 업무를 수행합니다. 향후 판사가 되고자 하는 사람들이 많이 지원하고, 재판연구원 근무 종료 후 나머지 법조경력을 채우면 판사 임용에 지원할 수 있습니다.

법학전문대학원 제도가 도입되기 전에는 사법시험에 합격한 후 사법연수원을 수료한 젊은 법조인을 판사로 임용하여 법원 내에서 경력을 쌓아가도록 하는 '경력법관제'를 시행했습니다. 이에 대하여는 법률 지식은 뛰어나지만, 법률 실무 경험과 분쟁 해결 감각, 사회·경제적 현실에 대한 이해 등이 부족할 수 있다는 지적이 있었습니다. 이에 따라 2006년부터 단계적 법조일원화 계획을 세워 5년 이상 법조경력자를 판사로 일부 임용하여 왔고, 2011년 법원조직법 개정으로 2013년부터는 법조일원화가 전면적으로 시행되었습니다. 2018년부터는 법관임용자격 요건이 법조경력 5년 이상으로 상향됨에 따라 일반 법조경력자 법관임용절차가 가장 핵심적인 법관임용절차로 진행되고 있습니다.

편 판사 임용 절차는 어떻게 되나요?

장 임용 과정은 여러 단계의 검증으로 이루어집니다. 먼저 판사 임용신청을 위한 사전 평가로 법률서면 작성능력을 평가하는 필기시험을 거칩니다. 지원자의 희망에 따라 민사 또는 형사 중 한 가지 분야의 법률서면 작성평가에 응시하게 되고, 소송기록형 문제를 검토하여 '검토보고서'를 작성하는 방식으로 쟁점파악능력, 사실인정능력, 논증능력, 법률문장 작성능력 등 지원자의 기본적인 법률소양과 법적 사고력을 평가합니다. 이 과정을 통과한 지원자는 판사 임용신청을 할 수 있습니다.

서류전형 평가위원회는 지원자의 성명 등 인적사항을 배제

한 상태에서 블라인드 절차로 지원자의 성적, 법률사무 종사 경력, 범죄경력, 징계내역 등을 고려하여 법관에 적합한 최소한의 자격 요건을 갖추었는지 심사합니다.

서류심사를 통과한 지원자는 민사와 형사 각 분야에 관한 가상의 재판상황과 관련된 면접위원의 질문에 답변하는 방식으로 실무능력평가 면접을 보고, 법관으로서 직무를 수행할 수 있는 법조경력과 인성적 역량, 법조윤리의식을 갖추었

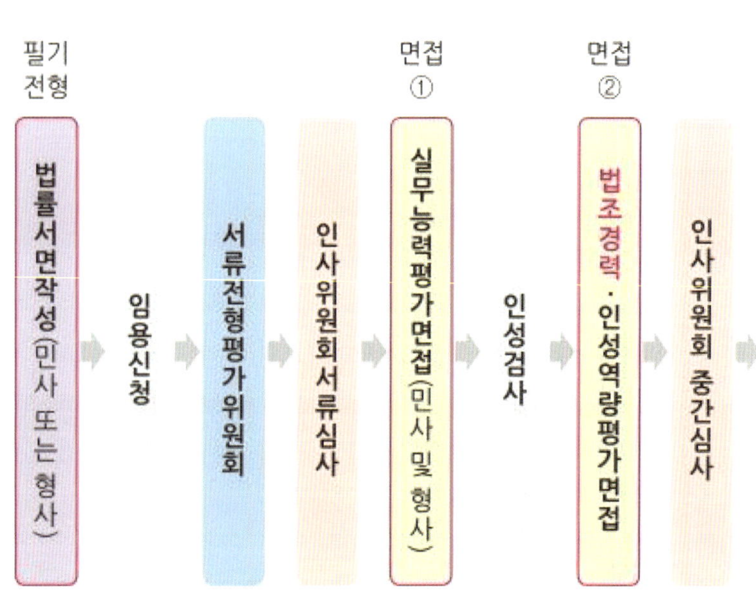

는지 평가하는 법조경력 면접과 인성역량평가 면접을 봅니다.

각 평가결과를 종합하여 법관인사위원회의 중간심사를 통과한 지원자를 대상으로 지원자의 업무수행능력, 협업능력, 소통능력 등 법관으로서의 자질과 인품에 관하여 지원자의 재직기관 또는 관계기관의 대표자, 직장 상사, 동료, 업무관련자 등에게 의견을 묻거나 참고자료의 제출을 요청하여 의견

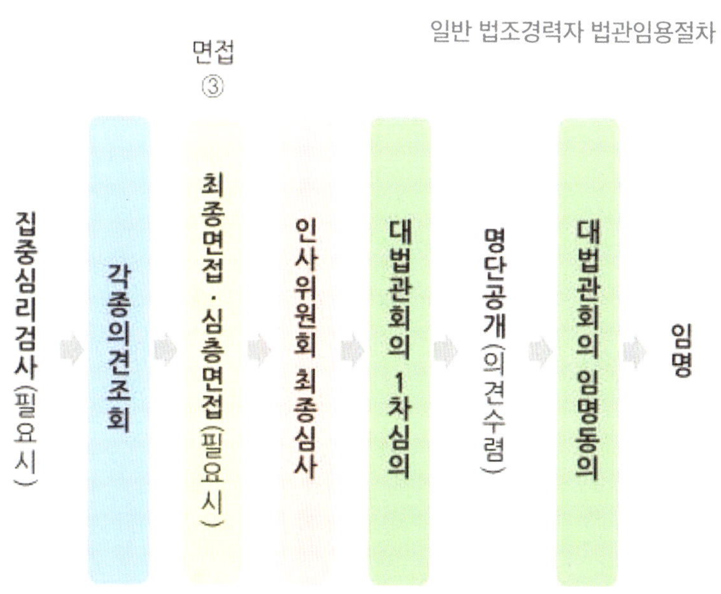

조회를 합니다.

 마지막으로 최종면접·심층면접을 거친 지원자는 법관인 사위원회의 최종심사와 대법관회의 1차 심의를 거쳐 명단공개 대상자로 결정됩니다. 법관임명동의 대상자 명단을 공개하고, 일정기간 동안 대상자들에 대해 구체적인 사실과 자료에 기초한 다양한 의견을 수렴한 후 기존 심사자료와 함께 명단공개 후 제출된 의견 등을 종합하여 대법관회의 임명 동의를 받아 최종적으로 판사로 임명됩니다.

 임용 공고시부터 대법관회의 임명 동의가 있을 때까지 대략 8개월의 긴 기간이 소요됩니다.

편 임용절차에 대한 설명을 들으니 판사 되기가 정말 쉽지 않겠다는 생각이 드네요. 판사가 되고 싶다면 어떤 점에 주안점을 두고 노력하는 게 좋을까요?

장 법률지식과 논리적 사고능력, 업무수행능력을 기본적으로 갖추어야 하고, 동료들과의 협업능력, 소통능력을 갖추는 것도 필요합니다. 장기간 지속적으로 많은 사건을 처리해야 하므로 몸의 건강뿐만 아니라 마음의 건강을 챙기는 것도 필요합니다. 적절한 운동과 취미 생활을 하며 스트레스를 해소하고 관리하는 것도 필요한 능력입니다. 최근 판사 임용과정을 보면 다양한 사회적 경험과 전문 분야에 대한 이해가 평가에서 큰 비중을 차지합니다. 의료, 금융, 기술, 조세, 지식재산권 등 특정 영역에 대한 전문 지식이 판사 임용 시 강점으로 작용할 수 있습니다.

판사 임용 과정은 단순히 법률 지식을 확인하는 절차가 아닙니다. 면접에서는 지원자의 가치관, 윤리의식, 사회 문제에 대한 균형 잡힌 시각, 인간적 성숙도 등을 면밀하게 살핍니다. 따라서 꾸준한 자기 점검과 깊이 있는 사고가 반드시 필요하다고 봅니다.

L A W Y E R

판사가 되면

판사로서 경력은 어떻게 쌓이나요?

편 판사로 임용된 직후 실습 과정이나 교육 과정이 있나요?

장 판사로 임용되면 사법연수원에서 약 5개월 동안 신임법관연수를 받습니다. 사법연수원에서 사법연수원 교수와 선임법관들로부터 실무 교육 등을 받고 평가를 거쳐 전국의 지방법원에 배치됩니다.

편 연수를 마치면 재판을 맡아서 진행하는 건가요?

장 처음부터 단독 재판을 맡는 것은 아닙니다. 재판 진행과 법리 판단에는 상당한 경험이 필요하기 때문에 신임 판사는 일정 기간 합의부의 배석판사로 근무하며 기본 역량을 갖추게 됩니다. 합의부는 세 명의 판사로 구성되어 법정에서 부장판사가 가운데 앉고 배석판사가 양옆에 앉습니다. 현재 기준으로는 최소 4년 이상 배석판사로 근무하도록 되어 있습니다.

배석판사는 단순히 부장판사나 재판을 보조하는 역할이 아니라, 판사로서 독자적인 업무를 수행하면서도 부장판사와 함께 사건을 검토하고 합의를 거칩니다. 이 과정에서 재판 진행 방식과 판결문 작성법을 사실상 도제식으로 배우게 됩니다.

　합의 과정에서는 사건의 사실관계, 주요 쟁점, 증거 판단, 적용 법리, 결론의 타당성 등을 심도 있게 논의합니다. 합의 후에는 배석판사가 판결문 초안을 작성하고, 부장판사의 세밀한 첨삭을 거쳐 최종 판결문을 완성합니다. 이렇게 수년간 반복된 훈련을 통해 재판 운영과 판단 능력을 자연스럽게 익히게 되는 것입니다.

　배석 기간이 끝나면 단독판사로서 스스로 사건을 진행합니다. 이후 경력이 쌓이면 합의부(항소부 포함) 재판장을 맡기도 하고, 다시 단독 재판으로 돌아가는 등 단독–합의부 재판장 간 순환 근무가 이루어집니다. 현재는 부장판사 수가 많아 이러한 순환이 더 일반적입니다.

편 한 팀에서 배석 기간을 보내는 건가요?

장 아닙니다. 합의부 구성은 고정되어 있지 않습니다. 보통 1년에서 길어도 2~3년 주기로 구성원 중 최소 한 명 이상이 교체됩니다. 따라서 배석판사 기간 4년을 모두 동일한 재판부에서 보내는 경우는 거의 없습니다.

연봉은 어느 정도인가요?

편 판사의 연봉은 얼마 정도인가요?

장 신임 판사(법조경력 6~10년차)의 기본 연봉은 약 7,000만 원에서 8,000만 원 정도이고, 여기에 각종 수당(직급보조시, 정근수당, 명절휴가비, 직무성과급 등)이 포함되어 있습니다. 경력이 쌓여 부장판사가 되면 약 1억 2,000만 원에서 1억 5,000만 원 정도입니다. 나아가 고위 법관(고등법원 부장판사, 대법관)은 1억 5,000만 원에서 1억 8,000만 원 정도입니다. 판사는 법원공무원이기 때문에 근속 연수에 따라 연봉이 올라가고, 공무원 연금이 적용되며, 거주지 이외의 지역으로 발령받아 근무하는 경우 관사가 제공됩니다. 판사는 국내연수 및 해외연수 등의 기회도 다수 있습니다.

일반 기업의 신입사원 연봉이 3,000~5,000만 원 정도로 신임 판사의 연봉이 상대적으로 높은 것 같지만 판사로 임용되기 전에 적어도 5년 이상 법조경력을 쌓았다는 것을 고려하면 그리 높은 연봉은 아닙니다. 실제로 신임 판사가 동일한 경력의 대형 로펌 변호사뿐만 아니라 일반적인 중소 로펌이나 사내 변호사보다 적은 봉급을 받는 것이 일반적입니다. 이런 처우의 차이가 여러 분야에서 경력을 쌓은 우수한 법조인이 판사 임용신청을 하는 것을 꺼리게 되는 걸림돌이 되고 있습니다. 문제는 연차가 쌓일수록 연봉 격차가 더 벌어진다는 것입니다. 이는 중견 법관들이 연차가 쌓일수록 퇴직을 고민하는 큰 이유가 되기도 합니다.

근무 시간은 어떻게 되나요?

편 근무 시간과 휴일은 어떻게 되나요?

장 판사도 법원공무원으로서 주 5일 근무하며 토요일, 일요일, 공휴일에 쉬고, 근무 시간은 원칙적으로 오전 9시부터 오후 6시까지입니다. 그러나 판사는 매일 새롭게 접수되는 사건을 적정하게 심리하고 재판하여 판결하는 것이 주된 업무

2009년 판사 집무실

이다 보니 정해진 근무일이나 근무 시간에 구애받지 않고 각 사건을 적정하게 처리하기 위하여 필요한 시간을 사용합니다. 판사가 담당하는 사건이 보통 수백 건에 이르고 매주 재판하고 선고하는 사건이 적어도 수십 건입니다. 그러다 보면 야근이나 주말 근무도 불가피하게 하게 되고, 요즘은 공유서버를 통한 원격근무(스마트오피스)가 가능하여 집에서도 사무실과 다를 바 없이 일정한 업무를 할 수 있게 되어 이를 널리 활용하고 있습니다. 또한 판사는 업무시간 외에 접수되는 영장신청, 가정보호신청, 인신보호신청 사건 등에 대한 각종 영장의 발부 여부를 심사하고 결정하는 당직 업무를 야간이나 휴일에 돌아가면서 분담합니다.

일을 하기 위해 노력하는 것이 있으세요?

편 일을 하기 위해 노력하는 것이 있으세요?

장 건강 관리, 체력 관리를 합니다. 판사는 머리로 판단하는 직업이라고 흔히 생각하지만, 실제로는 집중력과 체력을 바탕으로 하는 노동이기도 합니다. 몸이 아프면 판단력도 떨어지고, 많은 사건을 처리해야 하는 업무 특성상 건강이 좋지 않으면 일을 제대로 수행하기 어렵습니다. 그래서 건강 관리가 매우 중요한 직업입니다.

편 체력 관리는 어떻게 하세요?

장 운동 동호회에 들어 동료 법관들, 직원들과 운동합니다. 법원에서는 운동 동호회 활동이 가장 활발해요. 요즘에는 탁구를 열심히 하고 있고, 과거에는 배드민턴, 테니스, 마라톤, 볼링, 등산 등 다양한 운동을 했습니다. 최근에는 법원 건물 안에 체육시설(탁구장, 배드민턴장 등)을 갖춘 곳도 있고, 운동할 수 있는 환경이 마련되어 있어 많이 이용합니다.

2007년
예산마라톤

2025년 탁구동호회

공정의 저울과 정의의 칼로 국민을 수호하는
판사

이 일의 어려운 점은 무엇인가요?

편 이 일의 어려운 점은 뭐라고 생각하세요?

장 판사로서 업무를 하면서 가장 어려운 점은 판사는 자신이 맡을 사건을 고를 수 없고, 배당된 사건에 대한 판결을 피할 수 없다는 것입니다.

요즘 프로야구를 보면 심판의 판정에 대하여 감독이 비디오 판독을 요청할 수 있고, 비디오 판독 요청이 들어오면 미리 사방에서 촬영된 비디오를 여러 번 돌려보며 보다 정확한 판정을 할 수 있도록 도움을 받습니다. 판사의 입장에서는 야구의 아웃·세이프 판정보다 복잡한 재판에서도 이런 비디오 판독을 할 수 있었으면 좋겠다는 생각이 드는 사건이 많이 있습니다. 분쟁의 대상이 되는 사건이 발생하여 사실관계에 관하여 다툼이 발생하면 당사자나 증인의 기억을 재생시켜 과거의 일을 생생하게 여러 번 돌려보거나, 타임머신을 타고 과거로 돌아가 사실관계를 정확히 확인한 후 판결을 하고 싶은 사건이 너무 많습니다.

그러나 아직까지 현실의 재판에서는 비디오 판독도 없고 타임머신도 없기에 당사자가 제출한 주장과 증거에 의하여 불완전하게 구성된 사실관계로 진실을 탐구하게 됩니다. 판사가 담당하는 사건 중 당사자가 필요한 주장을 빠짐 없이 하여 주장 책임을 다하고, 필요한 증거를 충분히 제출하여 증명 책임을 다하는 경우는 매우 적습니다. 많은 사건은 충실히 심리를 하고 증거와 주장을 꼼꼼히 살폈음에도 필요한 주장이 누락되거나, 사실관계를 명확히 밝히기 위한 증거가 부족한 경우가 적지 않습니다.

그래서 민사소송법에서는 당사자에게 주장·증명 책임을 부여하고, 형사소송법에서는 검사에게 증명 책임을 부담시켜 증거에 의하여 당사자가 주장한 사실이 증명되지 않거나 증명이 부족한 경우 증명 책임을 부담하는 당사자에게 불이익을 주게 됩니다.

따라서 판사가 법정에서 탐구한 진실은 절대적·객관적 진실이 아니라 상대적·주관적 진실일 수밖에 없습니다.

이 직업의 매력과 보람은 무엇인가요?

편 먼저 이 직업의 매력은 무엇이라고 생각하시나요?

장 판사라는 직업의 가장 큰 매력은 누구의 간섭도 받지 않고 스스로 독립적으로 판단할 수 있다는 점입니다. 물론 마음대로 판단한다는 뜻은 아니며, 헌법과 법률, 판례, 여러 기준들이라는 명확한 제약 안에서 판단이 이루어집니다. 그럼에도 결국 최종 판단과 그에 대한 책임은 판사 본인에게 있다는 점이 판사의 본질적 역할입니다.

이 독립성은 판사의 중요한 책무이자 장점이지만, 동시에 모든 결정을 혼자 책임져야 한다는 의미에서 단점이 되기도 합니다. 그럼에도 불구하고 자신의 판단을 온전히 스스로 내릴 수 있다는 점이 판사 직업의 가장 본질적인 가치라고 할 수 있습니다.

외부에서는 판사가 재판할 때 권력이나 당사자, 제3자 등으로부터 외압이 있을 것이라고 오해하기도 합니다. 그러나 실제로는 그런 외압은 존재하지 않으며, 설령 법을 잘 모르는 사람이 부적절한 연락을 해오는 경우가 있을 때 법관윤리강령에 위반됨을 이유로 이를 거부하거나 대응하지 않고 무시하는 정도로 대처합니다. 제척, 기피, 회피 제도나 재배당 제도 등으로 재판에 대한 부당한 압력이 발생할 우려를 미리 방지하고 실제 부적절한 접촉을 시도하는 경우 이를 신고하도록 하는 제도적 장치도 마련되어 있습니다.

 어떤 때 보람을 느끼세요?

 판사로서 가장 큰 보람을 느끼는 순간은 사건이 원만하게 해결되었을 때입니다. 특히 판결보다 조정이나 화해를 통해 당사자들이 직접 합의에 이르고, 서로 악수하며 "고맙습니다"라고 인사를 건네는 모습을 바로 눈앞에서 볼 때 큰 보람을 느낍니다. 판결을 선고하면 당사자가 만족했는지, 항소하지 않은 이유가 재판 결과에 승복해서인지, 다른 사정 때문인지는 직접 알기 어렵지만, 조정에서는 당사자의 반응이 즉각적으로 확인되기 때문입니다.

물론 어려운 사건을 오랫동안 충실히 심리한 후 선고한 판결이 항소심·상고심을 거쳐 그대로 확정될 때도 깊은 보람을 느낍니다. 판사의 판단이 법적으로도, 실질적으로도 타당하다는 것이 확인되기 때문입니다.

형사재판을 할 때는 증거에 의하여 엄격한 심리를 거쳐 억울하게 기소된 피고인에게 무죄를 선고한 후 피고인이 눈물을 흘리며 감사 인사를 할 때도 큰 보람을 느낍니다. 제가 판결을 선고한 사건 중에는 성인인 피고인이 건물 계단에서 피해자인 미성년자를 쫓아가서 팔을 2~3차례 잡아 피해자를 강제추행하였다는 혐의로 기소된 사건이 있었습니다. 공판기일에 검사와 피해자 측은 피고인의 행위가 피해자를 추행한 것이라고 주장하였고, 피고인의 변호인은 범행을 인정하면서도 다만 지적장애를 가진 피고인에 대하여 선처를 구하였습니다. 법정에서 피고인을 직접 신문하고, 증거를 조사해 보니 피고인이 겉으로는 20대 초반의 성인으로 보이나 지적장애로 실제 정신 연령은 초등학교 저학년 학생 정도에 불과하였고, 피고인의 행위가 성적 의도를 가진 행위라기보다는 지적장애인이 친근함을 표현하거나 친해지고 싶은 마음을 표현하기 위한 행위로 볼 여지가 충분하였습니다. 결국 선고기일에 동석한 피고인의 부모에게 앞으로 유사한 일이 일어나지 않도록 잘 지도·훈육해야 한다는 말과 함께 피고인에 대하여 무죄 판결을 선고하였습니다. 위 사건은 검사도 무죄 판결에 수긍하여 항소하지 않아 그대로 확정되었습니다. 이런 판결을 하면 큰 보람을 느끼고 오래도록 기억에 남습니다.

직업적인 습관이나 질병이 있다면 무엇인가요?

편 직업적인 습관이나 질병이 있다면 무엇인가요?

장 판사는 사람들의 진술을 그대로 믿지 않고, 대놓고 의심하고 검증하는 직업입니다. 일하는 중에는 이런 사고방식이 당연한데, 사적으로 사람들을 만났을 때도 '과연 사실일까?'라는 질문을 먼저 떠올리게 되고, 객관적 증거가 뒷받침되지 않으면 쉽게 믿지 않는 거죠. 이는 직업적으로 필요한 태도이지만, 개인적으로도 일종의 직업병처럼 느껴지는 부분입니다.

또 다른 하나는 사무직 종사자들이 공통으로 겪는 직업병이 아닐까 합니다. 판사는 하루 종일 기록을 읽고, 판결문을 작성하며, 재판 준비를 하는 시간이 대부분이라 장시간 앉아서 일하는 직업입니다. 그 결과 허리 통증, 목 통증, 거북목·목디스크와 같은 근골격계 질환이 흔히 발생합니다. 이런 이유로 판사들 사이에서는 운동 동호회가 활발하게 운영됩니다.

편 법원 내에서 재판 외에 하는 활동으로 어떤 것들이 있나요?

장 재판과 관련된 연구 활동을 많이 합니다. 민사재판연구회, 형사재판연구회, 지적재산권연구회, 집행법연구회, 국제거래·국제사법연구회, 인권법연구회, 의료법연구회, 이처럼 전문 분야별로 작은 연구 공동체가 많고, 최신 판례나 학설을 공유하며 법리 발전을 위한 논의를 계속하고 있어요. 재판의 질을 높이기 위한 판사들의 중요한 활동 중 하나입니다.

판사들만 참여하는 연구회도 있지만 직원들과 함께 하는 연구회도 있습니다. 실무에서 판사와 법원 직원들은 긴밀하게 함께 일하기 때문에 공유해야 할 주제가 많습니다. 또 변호사와 검사, 교수 등 법조계 전반이 함께 참여하는 연구회도 있습니다. 민사판례연구회, 형사법연구회, 노동법연구회, 국제거래법연구회 같은 곳은 법률가들이 널리 참여해 교류하고 공부하는 장이죠.

2023년 국제거래법연구회 세미나

편 그럼 판사님들은 대부분 한두 개씩 연구회에 참여하시는 건가요?

장 그건 사람마다 달라요. 여러 연구회에 활발하게 참여하는 판사도 있고, 하나도 가입하지 않는 판사도 있습니다. 본인의 성향이나 관심 분야에 따라 자율적으로 선택해 참여합니다.

편 판사님들은 외부 사람들을 거의 안 만난다는 이야기도 들었어요. 실제로도 그런가요?

장 안 만난다기보다는 못 만난다는 표현이 더 정확하겠죠. 판사가 특정 사건을 담당하고 있을 때 외부인과의 접촉이 불필요한 오해를 불러올 수 있잖아요. '그 사람을 만났다더라'라는 말만으로도 사건의 공정성을 의심받을 수 있기 때문에 자연스럽게 조심하게 되는 거죠. 저희가 쉽게 만날 수 있는 사람들이 법조인, 친척, 친구, 직장동료, 동호회원, 이웃 등인데 언제든 법정에서 당사자로 만날 수 있는 '잠재적 손님'이기 때문에 평소에도 새로운 사람을 만나는 것에 더욱 조심하게 됩니다.

2006년 국제화연수

LAWYER

장용범 판사와의 대화

법관이 재판을 할 때 법복을 입는 이유는 무엇인가요?

편 법관이 재판을 할 때 법복을 입는 이유는 무엇인가요?

장 우리나라에 법복이 도입된 것은 1906년으로 이때는 검정 두루마기에 대(帶), 검정 모자, 검정 신발을 착용했다고 합니다. 일제강점기에는 일본재판소의 법복을 입어야 했고, 광복 이후에 일제의 법복을 벗어버린 법관들은 한동안 정해진 법복이 없어서 법정에서 두루마기나 양복 등 평상복을 입고 재판을 하였습니다. 1953년에서야 비로소 법복이 정해졌는데, 여전히 일제의 법복을 모방하여 무궁화 문양와 태극장 문양이 있는 검은색 법복과 법모를 착용했습니다. 1966년에 미국의 법복과 대학교 학위복을 참조하여 소매 폭을 줄이고 각종 무늬와 법모를 없앤 법복으로 교체하였습니다. 그전에는 법정에서 법봉이 사용되기도 했으나 법정 내 권위주의 색채를 줄여간다는 방침에 따라 1966년 이후에는 법정에서 법봉을 사용하지 않습니다. 가끔 영화나 드라마에서 아직 판사가 판결을 선고하면서 법봉을 두드리는 모습이 나오기도 하는데, 이는 극적 효과를 위해서 연출하는 것이지 현재는 법정에서 법봉을 사용하지 않습니다. 현재의 법복은 1998년 대

한민국 사법 50주년을 계기로 위 법복을 토대로 하되 법원상
징 문양이 들어간 검자주색 양단으로 앞단을 만들고, 뒤쪽
에는 전통적인 매듭장식을 넣어 한국적인 미를 가미하였습니
다. 남성 법관은 법원 상징 문양이 직조된 짙은 회색 넥타이
를, 여성 법관은 은회색 에스코트 타이를 하고 있습니다.

법복은 주권자인 국민이 사법부에 위임한 임무를 상징하
고, 공정성, 독립성, 지혜와 양심을 상징합니다. 판사는 개개
인이 헌법상 기관으로 사법부와 재판부를 대표하여 재판을

법복의 변천사 출처 : 대한민국 법원

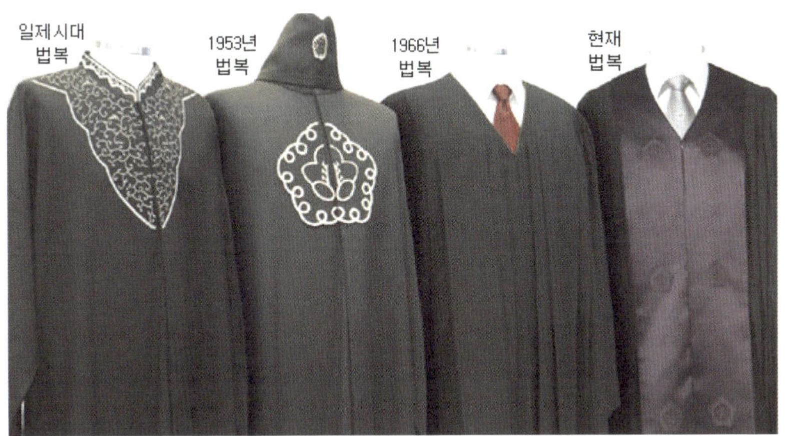

합니다. 판사가 법정에 들어갈 때 법복을 입는 이유는 법과 양심에 따라 국민으로부터 위임받은 재판권을 공정하게 행사하겠다는 법관의 마음가짐을 다잡는 상징적 의미를 가집니다. 법원에서는 첫 재판에 들어가는 초임 판사의 법복을 재판장인 부장판사가 입혀주는 전통이 있습니다. 이는 법복이 가진 무게를 되새기고 초심과 사명감을 잃지 말라는 의미의 의식으로 볼 수 있습니다. 판사는 법정에 들어가기 전에 거울을 보며 법복을 입고 무궁화 문양이 들어간 회색 넥타이를 비뚤어지지 않게 매면서 오늘 재판도 잘 할 수 있기를 다짐합니다.

법리 해석은 왜 고민거리인가요?

편 앞에서 법리 해석 때문에 고민이 많다고 하셨어요. 새로운 법리가 필요한 경우가 많아서 그런가요?

장 어떤 사안은 기존 판례가 충분히 축적되어 있어서 법리 적용이 비교적 명확해요. 하지만 사회·기술 환경이 빠르게 변화하면서 기존 법리로는 해결하기 어려운 사건도 계속 등장합니다. 그럴 때는 관련 자료들을 폭넓게 조사해 보지만, 그래도 답이 나오지 않는 경우가 있어요. 그러면 결국 새로운 법리를 연구·정립해야 합니다. 판사에게는 굉장히 큰 책임이 따르는 작업이죠.

편 처음으로 새로운 판례가 만들어지는 게 굉장히 중요한 일이라고 들었습니다. 그럴 때 부담도 크시겠어요.

장 네, 정말 많은 고민을 하게 됩니다. 한 사안에 법리를 이렇게 구성해서 적용하는 것이 과연 옳은지, 원고의 입장, 피고의 입장 모두에서 검토해 보고, 그 법리를 앞으로 일반 사건에도 적용할 수 있는지까지 생각해야 해요. 그 과정에서 예상하지 못한 부작용이나 잘못된 결론에 이를 가능성도 고려해야 하죠. 그래서 단순히 한 사건을 해결하는 게 아니라,

법체계 전체의 균형과 향후 적용 가능성까지 보고 결정하는 셈입니다.

편 이런 사건들은 다른 재판보다 시간이 훨씬 많이 필요하겠네요?

장 네, 그런 경우가 많습니다. 제가 얼마 전에 '가상자산 거래소에서 시스템 오류로 사용자에게 가상자산을 오송금한 사건'에 관한 판결을 선고하였습니다. '가상자산', '가상자산 거래소'는 기술의 발전에 따라 비교적 최근 새롭게 만들어진 개념이고, 우리가 평소 사용하는 '돈', '금융기관'과 유사하면서도 다른 점이 많이 있어서 '금융기관에서 돈을 오송금한 사건'에 관한 기존 법리를 그대로 적용할 수는 없는 사안이었습니다. 이런 새로운 유형의 사건을 판결하기 위해서는 '가상자산', '가상자산 거래소' 등 새로운 개념을 숙지하고, 실제 가상자산 거래의 구조 및 방법, 특성 등을 면밀히 조사·연구한 후, 기존 법리를 변형하여 이 사건에 적용될 수 있는 새로운 법리를 구성할 수 있어야 합니다. 이렇게 새로운 법리를 연구하고 검토해야 하는 사건은 대체로 심리에 더 많은 시간이 투입됩니다.

편 요즘 특히 IT 분야, 신종 사기 범죄 등은 법 적용이 더 어렵다고 하던데요?

장 사회 변화 속도가 매우 빨라지면서 법이 미처 따라가지 못하는 영역이 많습니다. 새로운 유형의 기술이나 거래 형태, 복잡한 디지털 환경에서는 기존 법리만으로는 해결이 안 되는 사건이 계속 나오고 있어요. 그래서 앞서 말씀드린 것처럼 판사들이 새로운 법리를 만들어 가는 과정이 더욱 중요해지고 있습니다.

최초 판결은 어떤 의미를 가지나요?

편 최초 판결은 어떤 의미를 가지나요?

장 최초 판결은 두 가지 정도로 볼 수 있어요. 법이 먼저 만들어지고 판례가 그 법을 해석하며 기준을 형성하는 경우, 법이 미처 규율하지 못한 '공백 영역'에서 판결이 최초 기준을 세우는 경우입니다. 어느 쪽이든 판사에게는 당연히 부담이 있습니다. 판사도 인간이니까요. 특히 최초 판결은 단순히 한 사건을 해결하는 데서 끝나는 것이 아니라, 사회 전체에 '기준'을 제시하는 역할을 하기 때문에 책임이 매우 큽니다. 판결이 사회에 미치는 영향은 크게 두 가지로 설명할 수 있습니다. 민사 영역에서는 '이런 유형의 분쟁은 이렇게 해결된다'라는 기준을 보여줍니다. 그 기준이 정립되면, 당사자들이 굳이 재판까지 가지 않고도 분쟁을 스스로 조정하는 데 도움이 됩니다. 그리고 문제가 반복적으로 발생하는 영역에서는 판결이 일종의 '해석 지침'이 됩니다. 반복되는 유사 사건의 판단 근거가 되기 때문에 사회적 영향력이 큽니다.

편 그렇게 판결이 쌓이면, 결국 입법에도 영향을 미치나요?

장 처음에는 판결에 의존해 기준을 만들지만, 시간이 지나 사회적 합의가 형성되면 그것이 법률로 규정되기도 합니다. 법원은 입법 권한은 없지만 국회가 입법 과정에서 법원의 의견을 묻는 경우가 매우 많습니다. 국회의 '전문위원회'가 법률안 심사 과정에서 법원의 의견을 요청하기도 하고, 법원 역시 특정 법률이나 제도 개선이 필요하다고 판단하면 법원의 공식 의견을 국회에 전달하기도 합니다. 특히 법원조직법·재판제도 개편 등 법원 운영과 직접 관련된 사안에는 법원이 적극적으로 의견을 개진하는 경우가 있습니다. 다만 입법권은 어디까지나 국회에 있고, 법원은 의견을 제시하는 역할에 그친다는 점이 원칙입니다.

편 요즘에는 사회 변화 속도가 너무 빨라서, 법이 현실을 따라가지 못하는 경우도 많잖아요. 그래서 판사님들이 가장 일선에서 새로운 문제를 마주한다는 느낌이 들더라고요.

장 맞습니다. 법은 기본적으로 현실의 변화를 뒤따르는 특성이 있습니다. 물론 선도적으로 새로운 기준을 제시하는 법도 있지만, 대부분은 사회 변화가 먼저 일어나고, 그에 대한 조율과 합의가 필요해졌을 때 비로소 법이 등장합니다.

형사재판에 임할 때는 어떤 태도가 필요한가요?

편 형사재판에 임할 때는 어떤 태도가 필요한가요?

장 형사재판이 시작되면 판사는 공소장만 봅니다. 사건에 대한 사전 정보 없이 백지상태에서 심리에 들어가는 거죠. 과거에는 검사가 공소장과 함께 증거 일체를 처음부터 제출했고, 판사는 첫 공판에 들어가기 전에 수사기록과 증거를 전부 검토했습니다. 이 때문에 판사는 당사자나 검사보다 사건 내용을 더 잘 알고 이미 법리 검토까지 한 후에 재판에 들어가는 경우가 많았습니다. 이 방식은 자연스럽게 유죄에 대한 선입견이 생겨 무죄 추정이 아니라 유죄 추정으로 재판이 흐를 수 있다는 비판이 제기되었습니다. 변호인이 새로운 주장이나 다른 해석을 제시하면, 판사가 "왜 수사기관에서 한 말과 다른 말을 하느냐?"라고 추궁하는 재판이 될 수 있다는 비판이었죠.

편 그래서 현재는 공소장만 보고 공판에 들어가시는군요.

장 이것을 '공소장일본주의(公訴狀一本主義)'라고 하고, 형사소송법에 명문화되어 있습니다. 판사는 공소사실과 적용 법조만 기재된 공소장만 보고 법정에 들어가 법정에서 드러나는 주장과 증거가 재판의 중심이 되도록 한 것입니다. 법정에서는 검사가 공소사실의 내용과 공소 제기 이유를 설명하면 피고인·변호인이 공소사실 전부를 인정한다거나, 일부는 인정하지만 억울한 부분이 있어 심리를 요청한다거나, 공소사실은 인정하지만 양형(형량)에 관한 감경 사유를 주장한다거나, 공소사실을 부인하며 법률적으로 위법성이 없다는 주장이 이어집니다. 그러면 이후 증거조사와 필요한 추가 심리를 진행합니다. 이러한 절차는 형사재판의 공정성을 확보하기 위한 제도적·실무적 원칙입니다.

편 무죄추정의 원칙을 보장하기 위해 보완된 제도로 보이는데요. 공소장일본주의로 바꾸고 나서 새로 드러난 문제점은 없을까요?

장 재판 기간이 길어졌습니다. 예전 같으면 공판과 변론이 1, 2회에서 그치는 사건이 많았는데, 요즘엔 수십 회를 끄는 사건도 있습니다. 사건을 신중히 처리하는 만큼 더 많은 시간과 노력이 필요하고 사건이 복잡해진 것은 사실입니다.

형사재판에서 고민되는 것은 무엇인가요?

편 형사재판에서 고민되는 것은 무엇인가요?

장 유무죄 판단과 양형 판단입니다. 먼저 공소사실이 증명되었는지, 즉 피고인이 죄를 저질렀다고 법률적으로 인정할 수 있는지를 판단합니다. 유죄가 인정되지 않으면 양형의 문제는 발생하지 않습니다. 유죄로 판단되면 이어서 어떤 형을 부과할지(징역, 벌금, 집행유예 등)를 결정합니다. 이때의 절차는 생각보다 복잡하고 구조화되어 있습니다.

각 범죄마다 법률이 정한 법정형이 존재합니다. 예컨대 '징역 1년 이상 10년 이하'처럼 범위가 매우 넓게 설정되어 있는 경우가 많습니다. 또한, 형법과 개별 특별법에는 법률상 가중·감경 규정이 있습니다. 예를 들어, "듣거나 말하는 데 모두 장애가 있는 사람의 행위에 대해서는 형을 감경한다."(형법 제11조), "누범[1]의 형은 그 죄에 대하여 정한 형의 장기의 2배까지 가중한다."(형법 제35조 제2항)와 같은 규정입니다. 이와 같

---

[1] 금고(禁錮) 이상의 형을 선고받아 그 집행이 종료되거나 면제된 후 3년 내에 금고 이상에 해당하는 죄를 지은 사람을 말한다(형법 제35조 제1항).

은 법 규정을 적용하여 처단형의 범위를 확정합니다.

그런 다음 양형기준을 고려합니다. 범행 동기, 범행 방식과 결과, 피해 회복 여부, 피고인의 반성 여부, 전과 여부 등 이런 양형요소를 적용하면 '징역 1년에서 4년이 적정하다'는 식의 권고 범위가 도출됩니다. 재판장이 반드시 양형기준을 따라야 하는 것은 아니지만 이를 벗어날 경우 그 이유를 판결문에 필수적으로 기재해야 합니다.

이 모든 절차를 거친 후 최종적으로 선고형을 정합니다. 이때 범행의 동기와 수단, 결과, 피고인의 행위가 지닌 책임 정도, 피해자와의 관계 및 피해 회복 상황, 사회적 비난 가능성, 피고인의 전과, 반성 여부, 범행의 재발 가능성 등과 같은 사정들을 고려해 선고형을 정합니다. 이 과정에서 어떤 선고형이 적정한지 고민이 많습니다. 사실 형량의 문제는 답이 있는 게 아닙니다. 어떤 형량이라도 피고인 측은 '형이 너무 무겁다'고 불만이고, 피해자 측은 '형이 너무 가볍다'고 불만입니다. 따라서 양형 판단은 법률적 엄밀성뿐 아니라 사회적 공감대, 형벌의 목적 등을 모두 고려해야 하는 복합적이고 어려운 작업입니다.

편 형사재판에서 무죄 선고가 적은 이유는 무엇인가요?

장 형사재판에서 무죄 판결이 드문 이유는 재판에 이르기까지의 구조적 절차에서 생기는 자연스러운 결과입니다. 형사사건이 발생했다고 모두 재판으로 이어지는 것은 아니에요. 사건이 발생하면 경찰이 수사를 통해 '혐의가 있는지, 증명이 가능한지' 판단하고 증거가 부족하거나 혐의가 인정되기 어려운 사건은 이 단계에서 상당 부분 정리됩니다. 그다음 검찰이 공소 제기 전 경찰이 보낸 사건을 검토해 기소할지 말지 결정합니다. '법정에서 유죄의 증명이 가능하다'고 판단될 때 공소를 제기하지요. 이렇게 두 번의 관문을 통과한 사건만 법원에 들어오므로 애초부터 유죄 가능성이 높은 사건이 대부분입니다.

편 기소된 사건은 이미 증거가 갖추어져 있는 거네요.

장 그렇습니다. 수사기관과 검찰이 이미 혐의가 비교적 명확하고 증거가 충분하다고 판단한 사건이므로 유죄 판단이 나올 가능성이 높을 수밖에 없어요. 하지만 수사기관에서 경찰이나 검사가 피의자와 혐의사실을 바라보는 관점과 법원에서 판사가 피고인과 공소사실을 바라보는 관점은 다를 수밖에 없습니다. 이런 관점의 차이에 따라 재판 과정에서 증거의 증거능력이 인정되지 않거나 증명력이 떨어지는 경우 무죄가 나오기도 합니다. 비록 기소 시점에는 혐의가 증명 가능하다고 보였더라도 재판 중에 피고인 또는 변호인이 새로운 주장을 제시하고, 새로운 증거를 제출해 기존 증거의 신빙성이 떨어지고, 수사기관이 사실관계를 잘못 판단한 것임이 드러나는 경우에는 판사가 무죄를 선고합니다.

편 무죄 판결이 적은 이유가 있었네요.

장 무죄 판결이 많다는 것은 좋은 일이 아닙니다. 무죄가 너무 자주 나온다는 것은 수사기관이 잘못된 기소를 많이 하고 있다는 뜻이 될 수 있기 때문입니다.

양형을 둘러싼 쟁점은 무엇인가요?

편 어떤 형량이 적정한가에 대한 논쟁이 꽤 있는 것으로 알고 있습니다. 실제로는 어떤가요?

장 형사재판에서 양형은 가장 논쟁이 많고, 피고인·피해자·언론·전문가 모두의 시각이 크게 충돌하는 영역입니다. 우선 적정한 형이 존재하는가에 대한 논쟁이 있습니다. 과거에는 '이 행위와 피고인의 책임에 대해 딱 하나의 적정한 양형이 정해져 있다'는 점(點)의 이론이 우세했어요. 그러나 현대는 적정한 하나의 양형은 없다고 보고 '재량의 폭'을 설정해 그 범위 안에 있으면 적정한 형량으로 볼 수 있다는 폭(幅)의 이론을 따릅니다.

과거에는 항소심에서 양형을 파기할 때 '이 점에서 벗어났다'는 이유로 양형이 잘못됐다고 파기했어요. 그런데 현재는 양형이 폭 안에 있다면, 그러니까 재량 범위 내에 있다면 파기하지 않습니다.

편 사회적으로 관심이 높은 사건일수록 양형에 대한 비판이 꽤 있는데요. 이건 어떻게 봐야 할까요?

장 앞에서도 말한 바와 같이 피고인 측이나 피해자 측이나 모두 양형에 불만을 느낍니다. 피고인은 본인이 생각하는 양형의 인자들이 제대로 반영되지 않아서 형량이 무겁다고 느끼고, 피해자는 심각한 범죄에 비해 형량이 약하다고 생각합니다. 그리고 언론에는 사건이 보도될 때 양형에 영향을 미친 전체 요소 중 극히 일부(가장 자극적 요소)만 보도되는 경향이 있어요. 죄질이 좋지 않은 사건, 피고인의 좋지 않은 행동, 전과 이력, 피해 규모 등은 피고인에게 불리한 양형 요소들입니다.

그러나 실제 양형을 판단할 때는 범행의 동기와 경위, 사회·가정 환경, 피고인의 반성 여부, 피해 회복 노력, 재발 방지 가능성과 같은 감경 요소도 적용해야 합니다. 범행을 저지르게 된 이유가 개인의 성향일 수도 있지만 좋지 않은 가정 환경 때문인 경우가 있습니다. 빵을 훔쳐서 재판을 받게 된 사람 중에는 정말 굶어 죽을 상태에서 어쩔 수 없이 저지른 경우도 있으니까요. 그런 경우 개인에게만 책임을 물어야 하는가, 사회도 책임을 같이 져야 하는가, 고민이 되지요. 사회도 책임이 있다면 양형에서 차이가 날 수밖에 없습니다. 또 처음 죄를 저지를 사람과 똑같은 죄를 여러 번 저지른 사람은 차이가 있어야 합니다.

사기죄로 재판을 받는 사람 중에는 다른 사람에게 수억 원을 사기로 빼앗아 놓고 전혀 갚을 생각이 없는 사람이 있는가 하면, 처음부터 빌린 돈을 안 갚을 생각은 아니었으나 회사가 부도났다거나 다른 불가피한 사정에 몰린 상태에서 이를 숨기고 돈을 추가로 빌리다 결국 돈을 갚지 못하는 사람도 있습니다. 둘 다 유죄이긴 하지만 돈을 숨겨놓고 갚지 않은 사람과 자신의 재산도 모두 팔아 변제하려고 노력한 사람은 양형의 차이가 있습니다.

판사는 이런 양형 요소들을 반영해 최종적인 결론을 내리는데, 언론에 보도되거나 밖에 알려질 때는 그런 것들이 많이 생략된 상태에서 일부만 공개됩니다. 그것도 형량이 적다거나 많다는 판단을 한 상태에서 일부러 한쪽의 사실만을 부각시키는 경향이 있어요. 생략된 다른 쪽을 보지 않기 때문에 왜 그런 결과가 나왔는지 이해할 수 없는 경우가 생기는 거죠.

편 요즘엔 판결문이 다 공개되지 않나요?

장 네, 공개됩니다. 전에는 일부만 공개했는데 요즘엔 열람 복사를 폭넓게 허용해 일반인도 판결문을 볼 수 있습니다. 최근에는 아직 확정되지 않은 1, 2심 형사 판결문까지 공개 대상으로 확대하는 법률이 통과되어 공개의 범위가 점차 확대되고 있습니다.

우리나라와 미국의 최고 양형은 왜 다른가요?

편　미국에서 형량이 인간의 수명을 훨씬 초과하는, 예컨대 100년·200년·300년형이 선고되는 사례를 종종 볼 수 있습니다. 이런 형량이 실제로 어떤 의미가 있는 것인지 궁금해집니다.

장　국가별로 양형을 정하는 방식이 다르기 때문입니다. 전 세계적으로 형을 산정하는 방식은 크게 두 가지로 나눌 수 있습니다. 미국의 상당수 주가 채택하는 병과주의 방식은 범죄마다 형을 개별적으로 산정하고, 이를 단순 합산해 상한이 없어 누적되면 수십 년, 수백 년형도 가능합니다. 이런 제도적 차이가 '수백 년 형'이라는 결과를 만들어 내죠. 반면 한국을 비롯해 다수 국가가 채택하는 가중주의 방식은 가장 중한 범죄를 중심으로 전체 형을 정하는 방식으로 유기징역형(정해진 기간의 징역)에 법이 정한 상한이 존재합니다.

편　그렇다면 우리나라에서는 여러 범죄를 저질러도 형량이 단순 합산되지는 않는다는 의미인가요?

장　그렇습니다. 대한민국 형법에는 형법 제37조 후단 경합범 및 제38조 가중 규정이 있어서, 여러 범죄가 경합하더라도 가장 중한 죄의 형을 기준으로 전체 형을 산정합니다. 가장 중한 죄의 형을 정하고 그 형의 1.5배(각칙·가중 범위 내)를 상한으로 삼습니다. 나머지 범죄들은 형량에 흡수되는 방식입니다. 이 때문에 범죄가 여러 개라도 수십 년이 단순하게 더해지지는 않죠.

편 한국의 유기징역 상한은 어느 정도인가요?

장 현재 대한민국 형법은 유기징역의 상한을 30년으로 규정하고 있습니다. 가중 사유가 있을 경우 최대 50년까지 선고할 수 있어요. 그렇기 때문에 판사가 임의로 '60년형, 70년형'처럼 기간을 무한대로 늘릴 수는 없습니다. 그 이상을 선고하고 싶다면 무기징역을 선택해야 합니다.

편 형을 수백 년 받았다는 소식을 접하면 조금 놀라운 게 사실이에요. 얼마나 큰 죄를 지었으면 저렇게 무거운 벌을 받을까 싶고, 한편으로는 그렇게 큰 죄를 지었으니 그런 벌을 받아 마땅하다는 생각도 들어요. 하지만 수명을 이기는 형벌은 없으니 큰 의미는 없겠다는 생각도 듭니다.

장 이러한 형은 일종의 상징적·규범적 의미를 담고 있는 겁니다. 즉, '범죄의 중대성을 사회적으로 명확히 선언한다'는 취지로 범죄가 다수이거나 피해자가 다수인 법익의 침해를 각각 독립적으로 평가한다는 의미를 갖는 것이죠. 병과주의는 형량의 누적 효과로 강력한 처벌이 가능하다는 특징이 있지만 인권 침해와 형벌 균형의 논란이 있습니다. 가중주의는 교화 가능성을 고려한 제도로 다수 범죄에 대한 처벌 수위의 제한이 있습니다. 그래서 반복 범죄에 대한 억제력이 다소 약하다는 비판이 있습니다.

피고인과 형량을 두고 협상하는 경우도 있나요?

편 미국에서는 피고인이 판사나 검찰과 형량을 '협상'하는 장면을 종종 봅니다. 한국 기준으로는 조금 이해하기 어려운데, 실제로 어떤 제도인가요?

장 미국의 플리 바게닝(plea bargaining, 유죄 협상) 제도는 피고인이 유죄를 인정하는 대신, 재판까지 가지 않고 형량을 일정 수준으로 낮춰 합의하는 방식입니다. 검찰이 '유죄를 인정하면 이 정도의 형으로 조정하겠다'라고 제안하고, 피고인이 이를 받아들이면 판사가 그 합의를 확인하고 승인하는 구조입니다. 판사는 협상 내용이 부당하거나 형평에 현저히 반할 때만 이를 거부합니다.

편 미국에서는 굉장히 널리 쓰이고 있는데, 이 제도의 장점은 무엇인가요?

장 미국이 이 제도를 유지하는 가장 큰 이유는 사법 자원의 효율성 때문입니다. 만약 이 제도가 없다면 미국의 법원은 밀려드는 사건을 감당하지 못해 사실상 마비될 것이라는 게 중론입니다. 증거상 유죄가 명확하고, 피고인이 유죄를 인정하고 있어 쟁점이 '형량'뿐인 사건이라면 굳이 재판으로 가지 않고 마무리를 지으면 재판에 드는 시간과 비용 부담이 줄어듭니다. 한국은 이 제도가 없기 때문에 작은 사건이든 큰 사건이든 모든 형사사건이 재판으로 가게 되어 있습니다. 그만큼 국민들이 재판을 위한 시간과 비용을 많이 부담하고 있는 겁니다. 예를 들어, 어떤 나라가 한정된 사법 인력으로 10개의 재판만 한다면 한 사건에 100시간을 투입할 수 있습니다. 하지만 동일한 인력으로 100개의 재판을 한다면 한 사건에 10시간밖에 투입하지 못합니다. 과도하게 많은 사건을 처리해야 하는 구조에서는 정밀한 심리가 필요한 중요한 사건에 충분한 시간과 비용을 투입하기 어렵게 됩니다. 재판의 질에 영향을 미치는 거죠. 사실 우리나라는 지금 재판에 들이는 시간과 비용의 부담이 많은 상태입니다.

편 우리나라는 왜 이 제도를 도입하지 않나요?

장 가장 큰 이유는 수사기관의 권한이 과도하게 커질 위험 때문입니다. 만약 수사기관이 '유죄를 인정하지 않으면 징역 30년이 나올 수 있다. 하지만 인정하면 3년 형으로 합의해 주겠다'고 제안하면 피고인은 실제로 죄를 짓지 않았더라도 현재 있는 증거로 봤을 때 패소할 확률이 크다고 느끼면 마음이 흔들립니다. 재판에서 끝까지 다퉜는데 정말 30년 형을 받을 가능성이 크다면 유죄를 인정하고 형을 짧게 살고 나오는 게 더 유리하겠다고 판단해 협상할 수도 있습니다. 억울하지만 유죄를 인정해 버리는 거죠. 그러면 협상이 수사기관의 권한이 되어 이를 악용하여 피의자를 압박할 가능성도 있습니다. 또 다른 사람의 범죄에 대한 유리한 증언을 제공하는 대가로 자신의 형량을 줄이려는 의도를 가진 사람들에 의해 이용될 우려도 있습니다. 이런 점 때문에 국내에서는 도입하지 않는 겁니다.

편 요즘 '소송이 너무 많아서 판사가 부족하다', '판사를 증원해야 한다'는 얘기가 많습니다. 실제로 그런가요?

장 법관 정원을 지속적으로 늘린 결과 20년 전과 비교하면 대한민국 판사는 약 2,130명에서 3,300명까지 50% 이상 증가하였습니다. 이에 따라 통계만 보면 민사사건이나 형사사건의 증가 폭은 판사 수의 증가 폭과 비교할 때 20년 전보다 줄었습니다. 그런데 판사들이 느끼는 업무 부담은 오히려 2~3배 이상 증가했어요. 20년 전에는 한 사건을 처리하는 데 필요한 시간과 절차가 비교적 단순했습니다. 그러나 지금은 사건과 절차가 더 복잡해졌고, 제출되는 증거의 양도 급증하였으며, 심리(재판 준비 및 조사)의 기준이 더 엄격해졌습니다. 공정성과 충실한 심리가 강조되면서 한 사건당 투입해야 하는 시간과 단계가 대폭 증가했습니다. 따라서 판사 1인당 담당하는 재판 건수는 줄었는데도, 판사가 감당해야 하는 전체 업무량은 훨씬 늘어난 셈이죠.

미국은 형사사건 100건 가운데 실제 재판으로 가는 건 10건도 되지 않습니다. 반면 한국은 형사사건 100건이면 100건 모두 약식이든 정식이든 재판을 해야 합니다. 이런 구조는 판사의 인력을 포함한 사법 자원이 아무리 늘어도 근본적으로 부담이 누적되는 구조입니다. 중요 사건에는 사법 자원과 시간이 부족하고 간단한 사건에는 불필요하게 많은 사법 자원과 시간이 투입되는 비효율이 발생하여 사건 처리 속도는 점점 느려지는 게 현실입니다.

판사의 판단도 판단을 받나요?

편 형사사건에서 유무죄를 판단하고 양형을 결정하는 과정은 판사에게도 심리적 압박이 크다고 들었습니다. 실제로 판사님들은 어떤 부담을 느끼시나요?

장 판사에게 가장 큰 심리적 압박은 유무죄 판단과 양형 자체입니다. 형사든 민사든 판결은 외부에서 보면 판사가 '판단하는 사람'처럼 보이지만, 실제로는 판사가 가장 먼저 판단을 받는 사람입니다.

편 판사가 판단을 받는다는 건 어떤 의미인가요?

장 먼저 본인에게 판단을 받습니다. 재판을 마치고 결론을 내렸을 때 가장 먼저 드는 생각은 '이 결론이 정말 맞는가?'라는 자기 점검이죠. 유죄 판결이 정당한가, 형량이 적정한가, 판결 이유를 이렇게 쓰는 것이 설득력 있는가, 같은 결론이라도 더 정교하게 쓰는 방법은 없는가, 이 모든 것을 스스로 계속 검증합니다. 일종의 자기 검열 과정입니다.

그다음은 사건의 당사자와 변호인에게 판단을 받습니다. 판결이 선고되면 사건을 누구보다 잘 아는 당사자들이 그 내용을 꼼꼼히 읽습니다. 그들이 판결 결과를 받아들이지 못하면 항소를 제기하죠.

항소되면 상급심에 의하여 또 1심 판단이 타당한지 다시 평가받고, 대법원에서는 항소심 판단이 법리에 맞는지 매우 세밀하게 검토합니다. 대법원이 사건이 많아 대충 볼 것이라는 오해가 있지만, 실제로는 하나하나 사건 전체를 재구성하듯 꼼꼼히 검토합니다. 이 단계는 판사에게 또 하나의 '평가'인 셈입니다.

그리고 마지막으로 판결은 국민 전체의 판단을 받습니다. 판결문은 공개가 원칙이기 때문에 언론, 법조계, 일반 시민, 연구자 등 누구든지 볼 수 있습니다. 또 판결문은 법원에 영구 보관되므로 오랜 시간이 지나도 계속 평가의 대상이 됩니다.

판사는 판단하는 역할이지만, 자신의 판단에 대해 평생 책임을 지는 일이기도 합니다. 그래서 심리적 부담과 책임감은 아주 클 수밖에 없습니다. 하지만 그 무게를 감당하는 것이 판사 직무의 본질적인 부분 중 하나라고 생각합니다.

판사의 관점에서 공정함은 어떤 의미인가요?

편 공정함에 대한 기대는 사람마다 간극이 굉장히 큰 것 같습니다. 같은 판결도 어떤 사람에게는 공정하지만 다른 사람에게는 전혀 공정하지 않게 느껴질 수 있는데, 판사님께서 생각하시는 공정함은 무엇인가요?

장 제가 생각하는 공정함은 다양한 관점에서 판결의 결론을 검증했을 때도 동일한 판단이 나오는 상태입니다. 원고의 입장에서 사건을 바라보고, 피고의 입장에서 같은 결론이 여전히 타당한지 살펴보고, 좀 더 멀리 떨어진 제3자의 관점에서 전체적으로 결론이 정당한지 검토합니다. 이렇게 관점을 달리해 여러 번 사고 실험을 해보았을 때, 어느 쪽에서도 결론이 설득력을 유지하면 저는 그것을 '공정한 판단'이라고 생각합니다.

편 한 사건에 대해 관점을 달리해 살펴본다는 건 쉬운 일은 아닐 것 같아요.

장 어렵지만 해야 하는 일입니다. 예를 들어, 계약서나 증거 문구 하나를 보더라도 같은 과정을 거칩니다. 원고는 이 문구를 어떤 의도로 작성했을까, 원고의 관점에서 보면 어떻게 읽힐까, 원고의 관점으로 봅니다. 다음엔 같은 문구가 피고에게는 어떤 의미였는지, 피고 입장에서는 어떻게 주장할 여지가 있는지, 피고의 관점에서 보고요. 그다음엔 당사자의 이해관계를 벗어난 일반적인 사람이 이 문구를 읽으면 어떻게 이해할지 보는 겁니다. 같은 계약서, 같은 문구라도 보는 위치에 따라 해석이 전혀 달라지기 때문에 판사는 그 차이를 계속 비교하고 검토하는 거예요. 이렇게 모든 가능성을 조합해 합리적 해석을 찾아갑니다.

"만인에게 적용되지 않는 법은 정의가 아니다."라는 법언이 있습니다. 특정인에게만 유리하거나 불리하도록 설계된 법은 법적 정당성을 상실한다는 뜻입니다. 법을 적용하고 판결할 때도 균형을 잃지 않는 것이 중요합니다.

비교적 어렵게 느껴지는 사건이 있나요?

 다른 사건에 비해 어렵다고 느끼는 사건이 있나요?

 당사자조차 사건의 실체를 모르는 사건이 있습니다. 가해자 피해자 모두 만취한 상태에서 본인들이 어떤 행동을 했는지 기억하지 못하는 폭행 사건, 성폭행 사건들입니다. 양쪽 모두 기억이 없는 상태의 진술은 증거로서 신뢰도가 낮아서 나중에 CCTV, 메시지, 주변 진술 등을 확보하여 실체관계를 재구성해야 합니다. 그 결과 피해자의 주장과 다른 결과가 드러난 경우도 있습니다. 형사사건은 그런 식으로 범죄가 되는 어떤 행위를 했는지 모르는 경우가 있고, 민사사건에서는 무엇이 문제인지 당사자가 법적 의미를 모르는 경우가 많습니다.

예를 하나 들자면, 얼마 전 아이돌 그룹 뉴진스 재판이 화제가 되었어요. 계약의 일방 당사자는 상대방이 계약을 위반했다고 판단해 계약이 해제되었다고 주장했지만, 법원 판단은 '계약 위반이라고 보기 어렵다'였습니다. 당사자들이 결과에 수긍하고 항소하지 않아 판결이 확정된 사례인데요. 재판 과정에서 당사자가 확신하는 주장과 법적 판단이 완전히 다르다는 것이 밝혀진 거예요.

[편] 왜 이런 일이 일어날까요?

[장] 계약 해석은 법률적 판단이 필요한데, 당사자는 보통 자기에게 유리한 방향으로만 해석하는 경향이 있습니다. 일반인은 계약 위반의 요건, 손해배상 요건 등을 정확히 알지 못합니다. 그래서 변호사의 조력을 받지만, 변호사도 한쪽 당사자 이야기만 듣고 사건을 시작하기 때문에 사건의 실체적 관계 파악에 한계가 있습니다. 유리한 사실만 제시하고 불리한 사실은 숨기고, 심지어 사실과 다른 주장을 하거나 조작된 증거를 제시하는 사람들도 많습니다. 그러다 소송이 진행되면서 뒤늦게 반대 증거가 나타나 사건의 실체가 드러나는 겁니다.

AI가 판사의 업무를 대신할 수 있을까요?

[편] AI가 판사의 업무를 대신할 수 있을까요?

[장] 제가 처음 재판을 시작할 때와 비교해서 컴퓨터와 인터넷과 같은 기술은 비약적으로 발전하였습니다. 지금 판사들은 수십 년 전보다 더 많은 판례와 논문 등 법률자료를 쉽고 빠르게 찾을 수 있게 되었고, 재판에 필요한 의료, 건설, 특허 등 전문자료까지 어렵지 않게 찾아서 참고할 수 있게 되었습니다. 이런 기술의 발전은 재판에 큰 도움이 되고 있습니다. 이와 같이 아직까지 AI는 판사를 대체한다기보다는 판사의 업무를 도와주는 유용한 도구로서 기능할 가능성이 큽니다. 당사자가 제출한 서면이나 증거를 간단히 요약 정리하거나, 관련되거나 유사한 판례나 논문 등 법률자료, 전문자료를 보다 쉽고 빠르고 정확하게 찾아 주거나, 나아가 판사가 당사자의 주장과 증거와 사실을 입력하고 판결의 방향을 제시하면 관련 법리를 적용하여 판결문 초안을 작성해 주는 등의 방식으로 말이죠.

판사는 법률을 도구로 사용하여 증거에 따라 재판하지만, 재판의 대상은 사람이고 사람의 행위와 의도, 관계를 파악해야 합니다. 사람들이 각양각생인 것처럼 재판을 하다 보면 당

"""

사자와 사건은 모두 조금씩 다르고, 작은 차이로 결론이 달라지는 사건이 대부분입니다. 유사한 사건은 있을 수 있지만 같은 사건은 한 건도 없습니다. 판사는 당사자가 주장하고 제출한 자료만 가지고 판단하지 않고 불분명한 주장이나 당사자가 간과한 사실이나 법률적 논점에 대하여 질문하고, 이를 분명히 밝히도록 요구하기도 하고, 현장에 직접 찾아가 오감을 사용하여 검증하기도 합니다. 아직은 AI가 판사와 같이 개별 구체적인 사안에 적합한 결론을 도출하거나, 전례가 없는 새로운 유형의 사건에 해결책을 제시하거나, 사회와 가치관의 변화에 따라 기존 판례나 법리와 달리 새로운 법리를 개발하여 다른 합리적인 결론을 도출하는 수준에 이르기는 쉽지 않아 보입니다.

요즘 인터넷 댓글 중에 AI가 더 재판을 잘하겠다는 글이 자주 보입니다. 이는 AI가 사람보다 더 공정하게 재판을 할 것이라는 막연한 기대 때문이라고 생각됩니다. 그러나 과연 AI가 사람보다 공정한 재판을 할 수 있을까요? AI가 학습하는 원본 자료에는 사람의 편견과 잘못된 주장과 판단이 여과 없이 들어갈 수 있고, 이를 학습한 AI는 오히려 사람보다 사람의 편견과 잘못을 그대로 답습하거나 이를 더 심화시킬 위험성이 있습니다. 또한 AI는 결론을 도출하는 과정과 알고리

즘을 파악하기 어려워 오류가 발생하더라도 이를 인식하고 바로잡기가 더 어려울 수 있습니다. 적어도 AI가 판사의 업무를 일부라도 대체하려면 이런 문제점과 위험성이 먼저 해결되어야 할 것입니다.

앞으로 기술이 비약적으로 발전하여 이른바 특이점을 넘어 AI 판사가 사람인 판사보다 더 인간의 마음과 행동을 잘 이해하고 복잡한 이해관계를 조정할 수 있게 되어 재판을 더 잘할 수 있는 세상이 오고, 대다수 국민들이 사람인 판사보다 AI 판사에게 재판받고 싶어 한다면, AI가 판사의 재판에 도움이 되는 도구를 넘어서 판사를 대신하는 세상이 올 수도 있게 될 것입니다.

판사 퇴임 후에는 어떤 일을 할 수 있나요?

편 판사 퇴임 후에는 어떤 일을 할 수 있나요?

장 가장 흔한 선택은 변호사 업무입니다. 대학 교수, 중재기관의 중재위원 등 법률 전문성을 활용하는 직종으로 가는 경우도 많습니다. 요즘에는 법조계가 아닌 전혀 다른 길을 선택하는 분들도 있는데요. 회사의 임원이나 CEO가 된 예도 있고, 드물게는 추리소설 작가나 드라마 작가가 된 분도 있습니다.

편 변호사로 전업하는 것이 비판받는 경우도 있는데, 어떻게 보시나요?

장 그런 시각이 존재하는 건 알지만, 다른 선택이 많이 있지 않아서 현실적으로 타당한 비판인지는 의문입니다. 판사는 기본적으로 법조인이고 수십 년 동안 쌓아온 경험을 바탕으로 가장 잘할 수 있는 일이 변호사 업무예요. 변호사는 개인의 이익만을 위한 직업이라고 오해받기도 하지만 실제로는 공적 성격이 매우 강한 직업입니다.

만약 판사가 은퇴 후 그 전문성을 살려 무료 변론이나 공익 활동을 한다면 사회에 큰 도움이 되겠죠. 돈을 받든 받지 않든, 법조인으로서 본인의 역량을 충분히 활용하는 것 자체가 사회적 기여라고 생각합니다.

편 외국, 특히 미국에서는 판사들이 퇴임 후 변호사로 활동하는 경우가 적다고 들었어요. 차이가 뭔가요?

장 미국은 제도가 다릅니다. 우선 대법관은 정년이 없어서 건강이 허락하는 한 평생 재직할 수 있어요. 그리고 연방 판사나 주 판사들도 정년 후 현직 급여에 준하는 금액을 계속 지급받을 정도로 연금 수준이 매우 높습니다. 그러니 생계 때문에 변호사로 전업할 필요가 거의 없습니다. 반면 우리나라는 퇴임 후 받을 수 있는 연금이나 보상이 그 정도 수준이 아니기 때문에 본인의 전문성을 살려 변호사 활동을 하는 것이 자연스러운 선택이 되는 것이죠.

문제가 되는 것은 변호사 활동 그 자체가 아니라, 직업윤리에 반하는 행동, 과도한 수임료, 영리를 위한 불투명한 활동 같은 예외적 사례들입니다. 대부분의 경우, 판사를 그만두고 변호사로 일하는 것은 사회에 도움이 되는 자연스러운 진로라고 보는 것이 맞습니다.

청소년에게 추천하는 책이 있나요?

편 판사라는 직업과 관련해 청소년에게 추천하고 싶은 책이 있나요?

장 판사가 직접 쓴 책들이 꽤 있습니다. 『판사유감』(문유석, 2019, 문학동네), 『내가 만난 소년에 대하여』(천종호, 2021, 우리학교), 『우리는 왜 억울한가』(유영근, 2022, 타커스), 『어떤 양형 이유』(박주영, 2023, 모로) 등등. 여기에 다 나열할 수 없을 만큼 여러 책들이 있지요. 그중에서 꼭 하나만 읽고 싶다면 『어떤 양형 이유』를 추천합니다. 이 책에는 저자가 판결했던 사건들의 양형 이유가 실려있습니다. 이를 통해 판사가 형량을 정할 때 사건의 결과뿐 아니라 사람의 삶, 범행의 맥락, 사회적 의미를 고민하는 과정을 알 수 있습니다. 물론 판사마다 성향이 다르고 표현의 방식이 다를 수 있지만, 형사재판을 하면서 법정에서 표현하지 못하는 어려움과 판결을 내려야 하는 업무의 버거움이 잘 나타나 있습니다. 판사의 업무 중에 판결문을 쓰는 일이 꽤 많은 비중을 차지한다고 앞에서 말했는데, 이 책을 보면 왜 판사가 판결문을 쓰고, 고치고, 다시 쓰는지 이해할 수 있을 겁니다.

나도
판사

　　대법원 양형위원회는 국민이 가상의 재판에서 직접 판사가 되어 형사재판의 양형 과정을 직접 체험해 볼 수 있는 온라인 양형체험 프로그램 "당신이 판사입니다"를 운영하고 있습니다.

　　대법원 양형위원회 홈페이지<https://sc.scourt.go.kr/>를 통해 실제 사건을 바탕으로 제작된 영상 콘텐츠를 시청하며 사건의 경위를 파악하고 검사, 피고인, 변호인의 주장을 들은 뒤, 다양한 양형 조건을 고려해 본인이 내린 판결과 실제 법원 판결이나 다른 참여자들의 평균 선고 형량을 비교해 볼 수 있습니다.

　　여러분이 1일 판사가 되어 실제 재판에서 형사재판을 심리하고 형량이 결정되는 과정을 직접 체험해 보세요.

강도상해

대낮 공인중개사 사무실서 흉기 강도 …
용의자 체포

OO경찰서는 O월 O일, 대낮에 공인중개사 사무실에 흉기를 들고 들어가 A씨(52세)의 재물을 강취하려다 미수에 그치고 상해를 가한 혐의로 용의자 B씨를 체포하고 구속영장을 신청했다고 밝혔다.

경찰에 따르면, B씨는 손님을 가장해 여성 공인중개사 A씨가 혼자 근무 중이던 사무실을 방문해 월세 상담을 한 뒤 떠나는 척했다. 이후 미리 준비해 간 선글라스와 마스크로 얼굴을 가린 채 흉기를 들고 다시 사무실로 들어가 A씨를 위협하며 강도 범행을 시도했으나, A씨의 저항으로 미수에 그쳤다. 몸싸움 과정에서 A씨는 부상을 입었으며, B씨는 사건 직후 도주했다가 다음 날 경찰에 체포되었다. B씨는 강도 혐의는 인정하면서도 상해와 관련된 혐의는 부인하고 있는 것으로 알려졌다.

강도상해 사건에 적용할 법조문을 찾아
형량의 폭을 알아보세요.

형법 제337조(강도상해, 치상)
강도가 사람을 상해하거나 상해에 이르게 한때에는 무기 또는
7년 이상의 징역에 처한다.

형법 제334조(특수강도)
① 야간에 사람의 주거, 관리하는 건조물, 선박이나 항공기 또
는 점유하는 방실에 침입하여 제333조의 죄를 범한 자는 무기
또는 5년 이상의 징역에 처한다.
② 흉기를 휴대하거나 2인 이상이 합동하여 전조의 죄를 범한
자도 전항의 형과 같다.

형법 제333조(강도)
폭행 또는 협박으로 타인의 재물을 강취하거나 기타 재산상의
이익을 취득하거나 제삼자로 하여금 이를 취득하게 한 자는 3
년 이상의 유기징역에 처한다.

형법 제25조(미수범)
① 범죄의 실행에 착수하여 행위를 종료하지 못하였거나 결과
가 발생하지 아니한 때에는 미수범으로 처벌한다.
② 미수범의 형은 기수범보다 감경할 수 있다.

형법 제51조(양형의 조건)

형을 정함에 있어서는 다음 사항을 참작하여야 한다.
- 범인의 연령, 성행, 지능과 환경
- 피해자에 대한 관계
- 범행의 동기, 수단과 결과
- 범행 후의 정황

형법 제53조(정상참작감경)

범죄의 정상에 참작할 만한 사유가 있는 경우에는 그 형을 감경
할 수 있다.

형법 제55조(법률상의 감경) 제1항 제3호

유기징역 또는 유기금고를 감경할 때에는 그 형기의 2분의 1로
한다.

• 양형인자

구분		감경요소	가중요소
특별 양형 인자	행위	□ 경미한 상해 또는 과실로 인한 상해 □ 범행가담 또는 범행동기에 특히 참작할 사유가 있는 경우 □ 상해결과가 발생하였으나 기본범죄가 미수에 그친 경우 □ 체포를 면탈하기 위한 단순한 폭행·협박	□ 5인 이상 공동 범행 □ 금융기관 강도 □ 범행에 취약한 피해자 □ 중한 상해 □ 총기 사용 □ 피지휘자에 대한 교사
특별 양형 인자	행위	□ 청각 및 언어 장애인 □ 심신미약(본인 책임 없음) □ 자수 □ 처벌불원 또는 실질적 피해 회복(공탁 포함)	
일반 양형 인자	행위	□ 경미한 액수의 금품강취를 의도한 경우 □ 경미한 폭행·협박 □ 생계형 범죄 □ 소극 가담 □ 흉기 단순 휴대	□ 계획적 범행 □ 비난 동기
	행위자 / 기타	□ 상당 피해 회복(공탁 포함) □ 심신미약(본인 책임 있음) □ 진지한 반성 □ 형사처벌 전력 없음	□ 특범죄가중(누범)·특정경력범죄(누범)에 해당하지 않는 이종 누범, 누범에 해당하지 않는 동종 및 폭력·절도 실형전과(집행종료 후 10년 미만) □ 합의 시도 중 피해 야기 (강요죄 등 다른 범죄가 성립하는 경우는 제외)

• 집행유예 참작사유

구분	부정적	긍정적
주요 참작 사유	□ 동종 전과(5년 이내 집행유예 이상) □ 범행에 취약한 피해자 □ 위험한 물건의 사용 □ 중한 상해	□ 공범의 범행수행 저지·곤란 시도 □ 상해결과가 발생하였으나 기본범죄가 미수에 그친 경우 □ 처벌불원 또는 실질적 피해 회복(공탁 포함) □ 체포를 면탈하기 위한 단순한 폭행·협박 □ 형사처벌 전력 없음
일반 참작 사유	□ 2회 이상 금고형의 집행유예 이상 전과 □ 계획적 범행 □ 공범으로서 주도적 역할 □ 범행 후 증거은폐 또는 은폐 시도 □ 사회적 유대관계 결여 □ 약물중독, 알코올중독 □ 진지한 반성 없음 □ 피해 회복 노력 없음 □ 합의 시도 중 피해 야기 (강요죄 등 다른 범죄가 성립하는 경우는 제외)	□ 공범으로서 소극 가담 □ 사회적 유대관계 분명 □ 자수 □ 진지한 반성 □ 금고형의 집행유예 이상의 전과 없음 □ 피고인의 건강상태가 매우 좋지 않음 □ 피고인의 구금이 부양가족에게 과도한 곤경을 수반 □ 상당한 피해 회복(공탁 포함)

재판장 지금부터 재판을 시작하겠습니다. 검사는 공소사실의 요지를
진술해 주세요.

검사 피고인은 흉기인 식칼과 케이블, 타이, 선글라스 등을 가방에
넣고 나와 범행 대상을 물색하던 중 피해자가 운영하는 공인중
개사무소에 혼자 있는 모습을 발견하고 손님으로 가장해 식칼
로 위협하며 피해자의 돈을 강취하려다 미수에 그치고 피해자
에게 약 2주간의 치료가 필요한 무릎 슬개골 점액낭 손상, 흉
부에 타박상 등의 상해를 가했습니다.

재판장 변호인. 검사의 공소사실에 대한 의견을 진술해 주십시오.

변호인 피고인은 공소사실 중 대부분의 사실관계는 인정하나 다만 상
해를 가하였다는 사실 부분은 부인합니다.

재판장 상해를 가한 사실을 부인하는 근거는 무엇입니까?

변호인 피해자는 사건 이후 가벼운 드레싱 등 범행 과정에서 생긴 타
박상 내지 찰과상들을 통원 치료하였으며, 이 상처들이 경제
활동 같은 피해자의 일상에 큰 지장을 주지 않았습니다. 즉 피
해자가 입은 상처는 극히 경미하여 강도상해죄의 상해에 해당
하지 않습니다. 따라서 피고인에 대하여는 공소사실인 강도상
해죄가 아닌 특수강도 미수죄가 성립되어야 합니다.

재판장 검사 측은 변호인의 공소사실 일부 부인에 대해 의견 있으십니
까?

검사 재판장님. 피고인은 이미 자신의 범행을 인정한 상태이며, 피

해자의 진술과 진단서에도 상해에 관련된 부분이 명확히 명시되어 있습니다. 진단서에 따르면 피해자는 무릎 쪽 기름막이 찢어지는 상해를 입게 되었습니다. 이는 수술 등 어떠한 방법으로도 완치가 어려우며 평생 치료와 관리가 필요한 질병이라 할 것이므로 피고인의 범행은 명백히 상해에 해당합니다.

변호인　피고인이 자신의 범행을 인정하고 반성하는 것에는 변함이 없습니다. 하지만 피해자는 사건 이후 단 두 차례만 통원 치료를 하였고, 이후에는 정상적인 일상을 보내고 있습니다. 재판장님. 피고인은 사죄와 반성으로 피해자와 합의하였고 처벌 불원 탄원까지 받았습니다. 만약 상처가 중하였다면 피해자에게 용서를 받기가 어려웠을 거라고 생각됩니다.

검사　피해자는 현재 상처로 인해 고통을 호소하고 있습니다. 이러한 피해자를 외면하고 특수강도 미수죄를 주장하는 피고인 측의 모습은 단순히 형을 낮추려는 계산적 의도로밖에 보이지 않으며, 피고인이 진지하게 반성하는지도 의심스럽습니다.

변호인　피고인은 단 한 번도 범행 인정을 번복한 적이 없습니다. 다만 진단서와 사건 이후 피해자의 상황을 고려했을 때 그 상처가 상해까지 이르지 않았다고 볼 여지가 있기 때문에 말씀드리는 바입니다. 재판장님. 피고인은 범행 이후 피해자에게 사죄의 마음으로 반성하며 죄를 뉘우치고 있습니다. 이 마음이 전해져 피해자와 합의를 할 수 있었던 것입니다. 이러한 점들을 고려하여 주시고, 상해에 관한 부분만큼은 무죄를 선고하여 주시길 요청드립니다.

판결을 선고하겠습니다. 먼저 피고인에게 강도상해죄가 아닌 특수강도 미수죄가 인정되어야 한다는 주장에 대해 살펴보겠습니다.

건장한 체격의 남성인 피고인이 중년 여성인 피해자를 상대로 얼굴, 옆구리 등을 수차례 폭행하였고, 사건 이후 피해자가 여러 차례 병원을 방문해 찰과상에 대한 의학적 치료를 받았고, 무릎과 고관절 부위의 경우 방사선 치료까지 받은 점, 피해자가 발급받은 소견서에는 흉부의 타박상 등으로 인해 약 2주간의 치료가 필요한 것으로 나타나고, 진단서에는 흉부에 타박상, 슬개골 점액낭 손상 등이 추가되어 있는 점 등에 비추어 볼 때 피해자의 피해 정도가 자연적으로 치유될 수 있는 정도라 말할 수 없습니다.

또한 그 부위들이 설령 피고인이 직접 가격한 부위가 아니라 할지라도 피해자가 피고인의 범행으로부터 자신을 방어하기 위해 도망치던 중 발생한 것으로 피고인에게 최소한 미필적 고의를 인정하는 것이 타당합니다.

따라서 피해자가 입은 상해는 강도상해죄에서의 상해에 해당하고, 이 사건 강도상해죄의 공소사실은 전부 유죄로 인정됩니다.

피고인의 범행은 강도 범죄 양형기준 중 상해가 발생한 경우로 제2 유형인 특수강도에 해당합니다.

피고인은 여성 혼자서 일하는 가게에 들어가 강도 범행할 것을 계획하고 미리 범행 도구를 준비한 뒤 대상을 물색하여 범행을 저지른 것으로 그 수법과 계획, 수정, 범행 대상의 선정 방법 등에 비추어 죄질이 매우 불량한 점, 피해자는 극심한 공포와 육체적 정신적 고통을 느꼈을 것으로 보이고, 피해자가 입은 상해가 가볍지 아니하여 후유증을 겪을 가능성이 있어 보이는 점은 불리한 정상이나 기본 범죄인 특수강도 범행이 미수에 그친 점, 피해자가 피고인의 처벌을 원하지 않는 점, 피고인이 사건의 범행 사실관계를 모두 인정하고 반성하는 점, 흉기를 위협하는 데만 이용한 점을 유리한 정상으로 하여 양형기준이 정한 권고형 범위 내에서 피고인의 나이, 성행, 환경, 범행의 동기 및 수단과 결과, 범행 후의 정황 등 이 사건 기록과 변론에 나타난 양형 조건이 되는 여러 사정을 참작하여 다음과 같이 형을 선고하겠습니다.

피고인은 징역 4년에 처한다. 압수된 범행 도구 중 제1호 식칼 1개, 증 제2호 선글라스 1개를 각 몰수한다.

*사건 개요만으로 여러분이 판단했던 형량과 실제 판결이 다른가요? 양형위원회 홈페이지(https://www.scourt.go.kr/sc/exp/step.work?step_id=02&case_id=13)를 방문해 사건영상, 법정공방, 양형심리 과정을 체험하고 왜 이런 판결이 나왔는지 확인해 보세요.

무고

친구를 찾으려 허위 고소한 A씨, 무고죄로 입건

오랜 기간 연락이 끊긴 친구의 연락처를 알아내기 위해 사기죄로 허위 고소한 A씨가 무고죄로 경찰에 입건되었다.

경찰에 따르면, A씨는 친구 B씨의 연락처를 찾기 위해서 심부름센터를 알아봤으나, 비용이 부담되어 공권력을 이용하면 비용도 들지 않고 쉽게 연락처를 얻을 수 있을 것이라는 잘못된 판단을 했다. 이에 A씨는 "B씨가 돈을 빌려간 뒤 갚지 않고 연락을 끊고 회피하고 있다"는 허위 사실로 경찰에 사기죄 고소장을 제출했다.

A씨의 고소로 인해 친구 B씨는 경찰에서 여러 차례 조사를 받는 등 큰 심적 고통을 겪게 되었고, 국가의 형사사법권 행사가 방해되는 등 사회적 비용이 발생했다.

A씨는 자신의 혐의를 부인하고 있는 것으로 전해졌다.

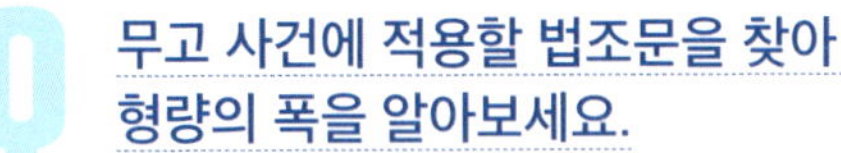

무고 사건에 적용할 법조문을 찾아
형량의 폭을 알아보세요.

형법 제156조(무고)

타인으로 하여금 형사처분 또는 징계처분을 받게 할 목적으로
공무소 또는 공무원에 대하여 허위의 사실을 신고한 자는 10년
이하의 징역 또는 1천500만 원 이하의 벌금에 처한다.

형법 제157조(자백·자수)

제153조는 전조에 준용한다.

형법 제153조(자백·자수)

전조의 죄를 범한 자가 그 공술한 사건의 재판 또는 징계처분이
확정되기 전에 자백 또는 자수한 때에는 그 형을 감경 또는 면
제한다.

양형 참조 규정

형법 제51조(양형의 조건)
형을 정함에 있어서는 다음 사항을 참작하여야 한다.
❶ 범인의 연령, 성행, 지능과 환경
❷ 피해자에 대한 관계
❸ 범행의 동기, 수단과 결과
❹ 범행 후의 정황

형법 제55조(법률상의 감경) 제1항 제3호, 제6호
3. 유기징역 또는 유기금고를 감경할 때에는 그 형기의 2분의 1
로 한다.
6. 벌금을 감경할 때에는 그 다액의 2분의 1로 한다.

• 양형인자

구분		감경요소	가중요소
특별 양형 인자	행 위	□ 타인의 강압이나 위협 등에 의한 범행가담 □ 피무고자의 승낙이 있는 경우	□ 경합범 아닌 반복적 고소 □ 중한 피해결과 야기 □ 피지휘자에 대한 교사
	행 위 자 / 기 타	□ 청각 및 언어 장애인 □ 심신미약 □ 자수·자백	□ 동종 누범 (증거인멸, 범인은닉, 위증 등 포함)
일반 양형 인자	행 위	□ 소극 가담 □ 참작할 만한 범행 동기	□ 수 개의 허위사실 적시

	행
	위
	자 /
	기
	타
		□ 진지한 반성
		□ 처벌불원 또는 실질적 피해
		  회복(공탁 포함)
		□ 형사처벌 전력 없음
			□ 이종 누범, 누범에 해당하지 않는
			  동종 전과(증거인멸, 범인은닉,
			  위증 등 포함)
			□ 합의 시도 중 피해 야기
			  (강요죄 등 다른 범죄가 성립하는
			  경우는 제외)

• 집행유예 참작사유

구분	부정적	긍정적
주요 참작 사유	□ 동종 전과[5년 이내의, 금고형의 집행유예 이상 또는 3회 이상 벌금(집행유예 포함)] □ 중한 피해결과 야기	□ 현저한 개전의 정(자수, 자백 등) □ 형사처벌 전력 없음
일반 참작 사유	□ 2회 이상 집행유예 이상 전과 □ 공범으로서 주도적 역할 □ 범행 후 증거은폐 또는 은폐 시도 □ 사회적 유대관계 결여 □ 피해 회복 노력 없음 □ 합의 시도 중 피해 야기 (강요죄 등 다른 범죄가 성립하는 경우는 제외)	□ 공범으로서 소극 가담 □ 사회적 유대관계 분명 □ 금고형의 집행유예 이상의 전과가 없음 □ 피고인의 건강상태가 매우 좋지 않음 □ 피고인의 구금이 부양가족에게 과도한 곤경을 수반 □ 처벌불원 또는 실질적 피해 회복(공탁 포함)

| 재판장 | 지금부터 재판을 시작하겠습니다. 검사는 공소사실의 요지를 진술해 주세요. |

재판장　지금부터 재판을 시작하겠습니다. 검사는 공소사실의 요지를 진술해 주세요.

검사　피고인은 8년 전 돈이 급하다고 해서 김진섭에게 현금 200만 원을 빌려줬으나 김진섭이 갑자기 전화번호를 바꿔서 지금까지 못 받고 있다라는 내용으로 사기죄 고소장을 작성, 경찰서 민원실에 제출하였으나 피고인은 김진섭에게 200만 원을 빌려준 사실이 없었습니다. 그럼에도 피고인은 김진섭이 전화번호를 바꾸고 자신에게 알려주질 않아서 연락처를 알지 못해 돈을 못 받고 있고, 이는 사기죄에 해당한다라고 진술하여 김진섭으로 하여금 형사 처벌을 받게 할 목적으로 김진섭을 무고했습니다.

재판장　변호인. 공소사실에 대한 의견을 진술해 주세요.

변호인　공소사실을 모두 인정합니다. 다만 피고인은 유일한 친구였던 김진섭을 다시 만나고자 하는 마음에 고소를 한 것이었고, 현재는 매우 어리석은 행동이었다는 점을 깨닫고 깊이 반성하고 있습니다. 피고인과 김진섭은 오랜 친구 사이로 과거 피고인이 알코올 중독으로 약 10여 년간 입원 치료를 받는 동안에도 계속 연락되었던 김진섭과의 연락이 끊어지게 되었고, 그로 인해 온전치 못한 상태에서 단순히 친구를 만나기 위해 해서는 안 될 잘못을 저지른 것입니다.

재판장　피고인 본인의 입장도 변호인의 의견과 동일한가요?

피고인　네 맞습니다. 판사님.

재판장 알겠습니다. 검사, 변호인. 쌍방 변론하시죠.

검사 피고인의 범행 동기가 유일한 친구인 김진섭을 찾기 위한 것이었다 하더라도 허위의 내용을 알고 고소한 이상 무고의 범의를 충분히 인정할 수 있습니다. 변호인은 앞서 피고인의 병력을 들며 온전치 못한 상태에서 저지른 실수라 말하였으나 이는 10년 전 일이며 고소 당시 시점과 맞지 않는 주장입니다. 또한 검찰 조사에서 피고인이 김진섭에게 보낸 문자메시지 내역을 보면 자신과 관련된 문자를 삭제하라 종용하였고, 자신이 법에 빠삭하다고 말하는 등 범행 후의 정황도 좋지 않습니다.

재판장 변호인. 변론하시죠?

변호인 피고인이 그런 문자를 보낸 것은 사실입니다. 그러나 피고인은 고소를 취소하여 결과적으로 수사기관과 김진섭의 피해를 최소화하였습니다.

검사 피고인이 수사기관에서 고소를 취소하였으나 이미 국가 형사사법권의 적정한 행사의 침해가 발생한 이상 무고죄의 성립에 영향을 미치지 못한다 할 것입니다.

변호인 피고인은 청각장애를 가지고 있으며, 이로 인해 어릴 적부터 대인관계가 원활치 못했습니다. 그런 피고인에게 김진섭은 유일한 친구였고, 피고인이 오랜 알코올 중독으로 인지 능력에 상당한 문제가 생긴 상태에서 김진섭에 대한 피고인의 집착은 더욱 심해졌습니다. 이러한 정신적 문제로 제대로 된 판단을 하지 못해 그런 문자들을 보낸 것입니다. 김진섭도 피고인의 이러한 문제를 인식하고 피고인을 고소하지 않겠다는 말을 하기도 했습니다.

검사 피고인이 김진섭에게 보낸 문자메시지 내용을 보면 형사 사법 체계에 대한 피고인의 이해도가 상당히 높은 것을 알 수 있습니다. 자신이 처벌받지 않기 위해서 김진섭에게 증거 인멸과 허위 진술을 강요하는 등 피고인은 상당히 계획적이고 치밀한 사람입니다. 피고인의 범행 동기도 단지 김진석을 찾을 돈을 아끼기 위함이었을 뿐, 이러한 범행 내용을 보면 피고인의 인지 능력이 부족한 것을 도저히 상상하기 어렵습니다.

변호인 피고인이 보낸 메시지만 보면 인지 능력에 문제가 없는 것처럼 보일 수 있습니다. 하지만 피고인이 과거 알코올 중독으로 정신병원에 입원했을 당시 주치의 소견서를 보면 인지 능력이 저하된 상태라는 소견이 있습니다. 이처럼 피고인의 인지 능력에 상당한 문제가 있는 것은 사실입니다. 피고인 어머니의 탄원서에도 그러한 부분이 잘 나타나 있습니다. 탄원서를 보시면 피고인이 상당히 어려운 상황을 겪어왔음을 알 수 있습니다. 온전치 못한 상태의 피고인이 친구를 보고 싶은 마음에 충동적으로 저지른 잘못된 행동이었음을 고려하여 양형에 참작하여 주시길 바랍니다.

재판장 알겠습니다. 검사와 피고인 측 의견 모두 잘 들었습니다.

판결을 선고하겠습니다. 먼저 양형 이유에 대해 말씀드리겠습니다. 무고죄는 국가의 형사사법 기능을 적극적으로 침해하며 피무고자로 하여금 부당한 처벌을 받게 할 수 있는 범죄로서 그 죄질이 매우 불량하여 엄중히 처벌되어야 마땅합니다.

피고인은 친구의 연락처를 알아내기 위해 드는 비용을 아끼고자 허위 고소를 한 점에서 범행 동기에 비난 가능성이 큽니다.

또한 피고인은 김진섭에 대한 고소를 취소하였음에도 수사기관에서 계속 연락이 오자 수사기관에 대하여는 무고 범행을 부인하는 한편 김진섭에게 문자 내역을 삭제하길 종용하는 등 범행 후 정황 역시 좋지 않습니다.

피고인의 허위 고소로 인해 김진섭이 수사기관에서 여러 차례 조사를 받는 등 유무형의 불이익을 받았다는 점은 불리한 정상입니다.

다만 피고인은 이 법정에 이르러 범행을 인정하고 반성하고 있으며, 수사 과정에서 고소를 취소하여 김진섭의 처벌이 현실화되지 않았다는 점과 피고인에게 집행유예 이상의 전과가 없는 점은 유리한 정상으로 인정됩니다.

피고인의 범행은 무고 범죄 양형 기준 중 제1 유형인 일반 무고에 해당합니다.

따라서 양형기준이 정한 권고형의 범위 내에서 피고인의 나이, 성행, 환경, 범행의 동기 수단과 결과, 범행 후의 정황 등 이 사건 기록과 변론에 나타난 양형의 조건이 되는 여러 사정을 참작하여 다음과 같이 형을 정합니다.

피고인을 징역 6개월에 처한다. 다만 이 판결 확정일부터 1년간 위 형의 집행을 유예한다.

피고인에 대하여 보호관찰을 받을 것을 명한다.

사건 개요만으로 여러분이 판단했던 형량과 실제 판결이 다른가요? 양형위원회 홈페이지(https://www.scourt.go.kr/sc/exp/step.work?step_id=02&case_id=14)를 방문해 사건영상, 법정공방, 양형심리 과정을 체험하고 왜 이런 판결이 나왔는지 확인해 보세요.

도주치상

심야에 무단횡단하던 보행자를 치고
도주한 뺑소니 운전자 검거

강남경찰서는 30대 남성 A씨를 도주치상 혐의로 불구속 입건해 조사하고 있다고 밝혔다.

A씨는 지난 3일 밤 12시 10분경 강남의 한 교차로에서 승용차를 몰고 가다 무단횡단하던 20대 여성 B씨를 친 뒤 그대로 달아난 혐의를 받고 있다.

피해자 B씨는 사고로 무릎 골절 등으로 전치 8주의 상해를 입은 것으로 전해졌다.

경찰은 A씨를 상대로 정확한 사고 경위를 조사하고 있다.

도주치상 사건에 적용할 법조문을 찾아
형량의 폭을 알아보세요.

특정범죄 가중처벌 등에 관한 법률
제5조의3 제1항 제2호(도주차량 운전자의 가중처벌)
① 「도로교통법」 제2조에 규정된 자동차·원동기장치자전거의
교통으로 인하여 「형법」 제268조의 죄를 범한 해당 차량의
운전자가 피해자를 구호하는 등 「도로교통법」 제54조제1항
에 따른 조치를 하지 아니하고 도주한 경우에는 다음 각 호
의 구분에 따라 가중처벌한다.
    2. 피해자를 상해에 이르게 한 경우에는 1년 이상의 유기
       징역 또는 500만 원 이상 3천만 원 이하의 벌금에 처
       한다.

이 사건은 어떤 양형 요소가 고려될 수
있을지 생각해 보세요.

양형 참조 규정

형법 제51조(양형의 조건)
형을 정함에 있어서는 다음 사항을 참작하여야 한다.
❶ 범인의 연령, 성행, 지능과 환경
❷ 피해자에 대한 관계
❸ 범행의 동기, 수단과 결과
❹ 범행 후의 정황

형법 제53조(정상참작감경)
범죄의 정상에 참작할 만한 사유가 있는 경우에는 그 형을 감경
할 수 있다.

형법 제55조(법률상의 감경) 제1항 제3호
유기징역 또는 유기금고를 감경할 때에는 그 형기의 2분의 1로
한다.

• 양형인자

구분		감경요소	가중요소
특별 양형 인자	행위	☐ 피해자에게도 교통사고 발생 또는 피해 확대에 상당한 과실이 있는 경우 ☐ 범행동기에 특히 참작할 사유가 있는 경우 ☐ 경미한 상해가 발생한 경우	☐ 중상해가 발생한 경우 또는 도주로 인하여 생명에 대한 현저한 위험이 초래된 경우 ☐ 교통사고처리 특례법 제3조 제2항 단서 중 위법성이 중한 경우 또는 난폭운전의 경우
	행위자 / 기타	☐ 청각 및 언어 장애인 ☐ 심신미약(본인 책임 없음) ☐ 자수 ☐ 처벌불원 또는 실질적 피해 회복(공탁 포함)	☐ 동종 누범
일반 양형 인자	행위		☐ 중상해가 아닌 중한 상해가 발생한 경우 ☐ 그 밖의 교통사고처리 특례법 제3조 제2항 단서에 해당하는 경우
	행위자 / 기타	☐ 상당 피해 회복(공탁 포함) ☐ 자동차종합보험 가입 ☐ 진지한 반성 ☐ 형사처벌 전력 없음	☐ 이종 누범, 누범에 해당하지 않는 동종 전과(집행 종료 또는 판결 확정 후 10년 미만) ☐ 합의 시도 중 피해 야기 (강요죄 등 다른 범죄가 성립하는 경우는 제외)

- **집행유예 참작사유**

구분	부정적	긍정적
주요참작사유	□ 사망·중상해가 발생한 경우 또는 도주로 인하여 생명에 대한 현저한 위험이 초래된 경우 □ 교통사고 후 유기 도주인 경우 □ 교통사고처리 특례법 제3조 제2항 단서 중 위법성이 중한 경우 또는 난폭운전의 경우 □ 동종 전과[5년 이내의, 금고형의 집행유예 이상 또는 3회 이상 벌금(집행유예 포함)]	□ 피해자에게도 교통사고 발생 또는 피해 확대에 상당한 과실이 있는 경우 □ 경미한 상해가 발생한 경우 □ 자전거를 운행하다가 일으킨 사고(일반 교통사고) □ 처벌불원 또는 실질적 피해 회복(공탁 포함) □ 형사처벌 전력 없음
일반참작사유	□ 2회 이상 금고형의 집행유예 이상 전과 □ 그 밖의 교통사고처리 특례법 제3조 제2항 단서에 해당하는 경우 □ 범행 후 증거은폐 또는 은폐 시도 □ 사회적 유대관계 결여 □ 약물중독, 알코올중독 □ 피해 회복 노력 없음 □ 진지한 반성 없음 □ 합의 시도 중 피해 야기 (강요죄 등 다른 범죄가 성립하는 경우는 제외)	□ 사회적 유대관계 분명 □ 자수(교통사고 후 도주) □ 진지한 반성 □ 금고형의 집행유예 이상 전과 없음 □ 피고인의 건강상태가 매우 좋지 않음 □ 피고인의 구금이 부양가족에게 과도한 곤경을 수반 □ 자동차종합보험 가입 □ 상당한 피해 회복(공탁 포함)

재판장   재판을 시작하겠습니다. 검사는 공소사실의 요지를 진술하세요.

검사   피고인은 2016년 11월 3일 새벽 12시 10분경 피고인 소유의 승용차를 운전하여 강남구 이수로에 있는 정지 교차로 앞 왕복 2차선 도로를 운행하던 중 횡단보도를 건너던 피해자를 미처 발견하지 못하고 그대로 직진하여 피해자를 피고인이 운전하는 승용차의 앞 범퍼로 1차 충격하고 그 후 승용차의 전면 유리로 2차 충격하였습니다. 피고인은 위와 같은 업무상 과실로 피해자에게 약 8주간의 치료를 요하는 상해를 입게 하였음에도 즉시 정차하여 피해자를 구호하는 등 필요한 조치를 취하지 않은 채 그대로 도주하였습니다.

재판장   변호인. 변론하세요.

변호인   피고인이 승용차로 피해자를 충격한 즉시 정차하여 구호 조치를 했어야 하나 예상치 못한 갑작스러운 사고에 놀라 순간의 잘못된 판단으로 도주한 것은 사실입니다. 하지만 당시 피해자는 무단횡단 중이었고, 피고인은 이를 미처 발견하지 못했기에 피해자의 이런 과실은 특별 감경인자로서 양형에 참작되어야 합니다.

검사   재판장님. 피고인은 2년 전에도 교통사고로 다른 피해자를 사망하게 한 사건을 일으켜 기소유예 처분을 받은 전력이 있습니다. 그럼에도 피고인은 또다시 교통사고를 야기한 후 피해자를 구호하는 등 조치를 취하지 않은 채 그대로 도주하였습니다.

이번에 엄벌에 처하지 않으면 또다시 이런 범죄가 재발될 우려가 있다고 생각합니다.

변호인   과거의 교통사고 사망 사건은 이미 원만한 합의를 통해 잘 해결되어 기소유예 처분을 받은 것으로 본 사건과 연결 짓는 것은 무리한 부분이 있습니다. 또한 본 사건은 심야에 시야가 불량하였고, 교차로를 통과하자마자 횡단보도가 설치되어 다른 장소보다 교통사고 발생 가능성이 높은 곳입니다.

검사   재판장님. 피해자는 이 사건 사고로 8주간의 치료를 요하는 중한 상해를 입었고, 피해자의 가족들은 큰 충격 속에 경제적 어려움도 겪고 있습니다.

변호인   피고인이 사고 직후 도주한 것은 사고로 인해 직장을 잃을지도 모른다는 극도의 불안함 속에서 순간적으로 판단력을 상실했기 때문입니다. 하지만 결국은 자신의 잘못을 깨닫고 모든 사실을 있는 그대로 자백했습니다. 현재 피고인은 자신의 잘못을 모두 인정하면서 깊이 반성하고 있습니다. 또한 피해자를 찾아가 백배사죄하고 원만히 합의하는 등 피해 회복을 위해 모든 노력을 다하였습니다. 피해자도 지금은 피고인에 대한 처벌을 원치 않고 있습니다. 합의서를 제출하겠습니다.

내가 판사라면 어떤 판결을 내릴 것 같은가요?
다음 판결과 자신의 판단을 비교해 보세요.

판결을 선고하겠습니다. 피고인에게 징역 1년을 선고합니다. 다만 이 판결 확정일로부터 2년간 위 형의 집행을 유예합니다.

또한 피고인에 대하여 120시간의 사회봉사와 40시간의 준법운전 강의 수강을 명합니다.

양형의 이유에 대해 말씀드리겠습니다. 피고인은 과거 교통사고로 다른 피해자를 사망에 이르게 하여 기소유예 처분을 받았음에도 또다시 이 사건 교통사고를 야기한 후 피해자를 구하는 등의 적절한 조치를 취하지 않은 채 현장을 이탈한 점, 피해자가 이 사건 사고로 비교적 중한 상해를 입은 점은 불리한 양형 요소입니다.

다만 피해자가 사고 장소를 무단으로 횡단하여 피해자에게도 이 사건 사고의 발생과 관련하여 상당한 과실이 있는 점, 피고인이 범행을 모두 인정하면서 잘못을 깊이 뉘우치고 있는 점, 피고인이 피해자에게 금전적으로나마 피해를 배상하고 원만히 합의하여 피해자가 피고인의 처벌을 원하고 있지 않은 점, 피고인의 차량이 자동차 종합보험에 가입되어 있어 피해자가 입은 피해가 회복될 것으로 보이는 점 등은 피고인에 대한 형을 정함에 있어 참작할 만한 감경 요소입니다.

이 사건은 피해자에게도 교통사고 발생 또는 피해 확대에 상당한 과실이 있고, 피해자가 피고인의 처벌을 바라지 않는 등 특별 감경 인자가 2개가 존재하므로 그 권고 형량은 징역 3개월에서 1년 사이입니다.

그밖에 피고인의 나이, 성행, 환경, 범행의 동기, 수단과 결과, 범행 후의 정황 등 제반 양형 조건을 종합하여 주문과 같이 형을 정합니다.

사건 개요만으로 여러분이 판단했던 형량과 실제 판결이 다른가요? 양형위원회 홈페이지<https://www.scourt.go.kr/sc/exp/step.work?step_id=02&case_id=05>를 방문해 사건영상, 법정공방, 양형심리 과정을 체험하고 왜 이런 판결이 나왔는지 확인해 보세요.

청소년들의 진로와 직업 탐색을 위한
잡프러포즈 시리즈 90

공정의 저울과
정의의 칼로
국민을 수호하는 판사

2026년 03월 20일 초판 1쇄

지은이 | 장용범
펴낸이 | 김민영
펴낸곳 | 토크쇼

편집인 | 박성은
디자인 | 문지현
홍보 | 이예지

출판등록 | 2016년 7월 21일 제 2023-000173호
주소 | 서울시 마포구 월드컵북로98, 2층 202호
전화 | 070-4200-0327
팩스 | 070-7966-9327
전자우편 | myys327@gmail.com
ISBN | 979-11-94260-77-6(43190)
정가 | 15,000원